U0614693

高校体育教学改革科学探索

董晓欧　王志刚　李　鹏◆著

吉林出版集团股份有限公司
全国百佳图书出版单位

图书在版编目（CIP）数据

高校体育教学改革科学探索/董晓欧，王志刚，李
鹏著． — 长春：吉林出版集团股份有限公司，2023.7
ISBN 978 - 7 - 5731 - 3959 - 7

Ⅰ．①高…　Ⅱ．①董…②王…③李…　Ⅲ．①体育教
学—教学研究—高等学校　Ⅳ．①G807.4

中国国家版本馆 CIP 数据核字（2023）第 141174 号

高校体育教学改革科学探索

GAOXIAO TIYU JIAOXUE GAIGE KEXUE TANSUO

著　　者	董晓欧　王志刚　李　鹏
出 版 人	吴　强
责任编辑	赫金玲
装帧设计	李艳艳
开　　本	787mm×1092mm　1/16
印　　张	6.75
字　　数	170 千字
版　　次	2023 年 7 月第 1 版
印　　次	2023 年 9 月第 1 次印刷
出　　版	吉林出版集团股份有限公司
发　　行	吉林音像出版社有限责任公司

（吉林省长春市南关区福祉大路 5788 号）

电　　话	0431 - 81629679
印　　刷	吉林省信诚印刷有限公司

ISBN 978 - 7 - 5731 - 3959 - 7　　定　价　58.00 元

如发现印装质量问题，影响阅读，请与出版社联系调换。

前　言

当前，随着高等院校教育体制改革进程不断地深入推进，在教育实践中逐步树立了以"育人为本、素质教育"为主的教育观念。同时，伴随着社会科学的不断发展，高效率、高科技、快节奏是当下社会建设所呈现的主要趋势。再加之复杂多变的市场经济环境以及高标准、严要求的岗位考核标准，使得未来高校毕业生将面临着巨大的工作生活压力，如何在今后的学习工作生活中保持良好的身体素养，是今后学生更好地适应社会环境的必要因素。因此，通过创新高校体育教学模式、丰富高校体育教学内容、优化高校体育教学评价等方式增加学生学习的自主性以及对知识的灵活运用能力，推动学生综合素质水平的提升，已成为当前我国高校体育教学改革的行动方向。

本书通过理论研究与实践应用相结合的方法，从高校体育教学现状分析出发，深入探讨了当前高校体育教学中存在的问题，并就其改革对策展开了深入探讨。在此基础上，深入研究了健康教育与高校体育教学融合的相关问题，并就高校体育教学理念、高校体育教学内容等多方面改革展开了科学探索，以期对推动高校体育教学改革工作的开展提供参考。此外，为了更好地促进高校体育教学效果的提升，本书还就新型体育教师的培养以及大学生体育核心素养的培养展开了深入研究。

本书在撰写过程中，借鉴和参考了国内外许多专家学者的最新研究成果，在此一并表示感谢。由于作者水平有限，难免有不当之处，恳请广大读者多提宝贵意见，使本书得到完善。

作　者
2023 年 1 月

目　录

第一章　高校体育教学现状分析及改革研究

第一节　高校体育教学概述

一、高校体育教学概念

高校体育教学是以身体练习为主要手段，通过合理的体育教育和科学的体育锻炼过程，达到增强学生体质、增进学生健康和提高学生体育素养为主要目标的公共必修课程。它是学校课程体系的重要组成部分，是高等学校体育工作的中心环节，是促进身心和谐发展、思想品德教育、文化科学教育、生活与体育技能教育与身体活动有机结合的教育过程，是实施素质教育和培养全面发展的人才的重要途径。

学校体育是学校教育的重要组成部分，它对培养"德、智、体"全面发展的人才具有十分重要的意义。近年来，随着学校体育教学改革的不断深入和发展，体育教学虽然取得了一些成绩，但仍存在一些弊端。其中，突出的表现是在体育教学过程中如何实现两个最基本的转变，即从以教师、书本为中心向以学生为主体、以学生活动为中心的教学思想转变，从单纯的知识传授向素质教育和能力培养的方向转变。

二、高校体育教学特点

体育教学是高校教育的重要组成部分，但是由于体育教学较其他学科的教学而言具有更强的实践性，并且在教学过程中涉及的内容更多、更复杂，因此，体育教学与其他学科教学有着本质的区别。对于体育教学工作者而言，形成体育教学的特点也要成为其必备的技能之一。体育教学的基本特点有以下几点。

（一）身体参与的直接性

体育教学的根本目的为增强学生的体质，其教学的本质是通过肌肉群的运动，促进学生身体机能的发展，从而提高学生的运动技能。这就决定了体育教学这门课程需要通过反复教授和实践，让学生掌握锻炼的方法，直观地说，就是通过肌肉的感觉将信息传递到中枢，然后中枢经过反复的条件刺激，建立起条件反射，最终经过分析、总结，达到对某种技能的理性认识，从而使学生掌握某项运动技能。因此，体育教学的特点之一就是身体参与的直接性。

身体参与的直接性主要表现在两个方面：

（1）教师身体参与的直接性。有些体育运动需要教师亲身示范，这也是体育教学中最常见的一种教学方式。

（2）学生身体参与的直接性。学生通过亲身参与练习，按照教师的示范，进行反复尝试和练习。

（二） 认知活动的本体性

体育教学贯穿学校教育的整个阶段，体育教学内容也较为复杂。因此，在教学过程中，教师要根据学生的认知规律和身心发展特点，组织体育教学的内容，最大限度地促进学生对体育教学的知识和技能的掌握。如果体育教师安排的教学内容与学生认知的本体性发展有一定差距，就会降低学生对体育教学的兴趣和参与热情，甚至会让学生产生厌恶的情绪，不利于体育教学的开展。

（三） 体力和智力的结合性

体力和智力的结合性是体育教学的特点之一，这也是当今素质教育和全面发展教育的主要内容。众所周知，体育锻炼能通过各种调节人体机能的运动或是活动，达到强健骨骼、增强体质的目的。骨骼生长需要不断吸收蛋白质和无机盐，人体必须有足够的维生素才能使钙和磷被更好地吸收。在体育课上，进行户外锻炼的时候，日光中的紫外线能够促进机体对钙和磷的吸收，体育锻炼还能使肌体的纤维变粗，提高肌肉血液的供应，增强毛细血管的弹性，使肌肉强壮。除此之外，体育锻炼还能促进人体大脑和神经系统及其他各部分的生长发育。适当开展一些体力活动能有效地增加脑的重量、皮质的厚度和神经细胞的体积，使脑物质结构发生变化，延缓衰老，消除疲劳，提高大脑的工作效率，从而提高记忆力，提高脑细胞的反应速度，有利于发挥脑的智力功能。

（四） 教学内容的健身性

体育课程是教师通过讲解和示范，带领学生进行各种锻炼，并且在锻炼过程中引导学生掌握相关知识和技能的过程。例如，体育教师在体育课上组织学生进行各种体育活动，根据学生的体质特点，开展各种强度不同的体育练习，使学生学习并掌握运动技能，身心得到运动负荷的刺激，从而增强学生的体质、促进学生身心健康，达到健身的作用。体育教学内容的健身性是体育教学的显性特点，这一教学特点是语文、数学等文化学科所不具备的。

（五） 学生身体生理负荷性

体育教学中涉及的很多运动和锻炼，都是通过肌肉群的运动，促进身体机能发生改变。学生在参与过程中，通过肌肉群的运动，促进新陈代谢，增加身体的生理负荷，最终达到强身健体的目的。例如，跑步活动结束后，学生会感到小腿肌肉和大腿内侧的肌肉有酸胀感，同时会感到身体劳累，这就说明体育锻炼具有增加学生的身体生理负荷性的特点。除了跑步这项运动之外，跳远、篮球、足球等都能够带动机体肌肉群的运动，使身体产生负荷。

（六） 人际交往的直接性

体育教学具有很强的实践性，是开放式的教学，与语文、数学等文化课学科的教学有着本质的区别。体育教学是室外教学，能够促进学生之间的互动与交流，学生之间通过自由地交流与沟通，提升自身的交际能力。例如，学生在进行跳远练习的时候，需要互相帮助测量跳远的成绩，这能促进学生之间的交流和讨论，促进其对跳远技巧的研究，促进学生在发现与解决问题的过程中交际能力的提升。除此之外，体育教学中会有很多比赛项目，教师会将学生分成小组，让小组之间进行比赛，小组成员之间相互配合、相互支持，形成团队凝聚力，有利于培养学生的集体精神。

（七）学习行为表现的直接性

体育教学与其他学科教学最本质的区别是，体育教学较注重对学生的实践知识和技能的培养。体育教学的目的是增强学生的体质，促进学生身心健康的发展。因此，在教学过程中，教师要让每一名学生都能感受体育锻炼带来的身体变化，达到通过体育课程的开展增强体质、提高身体免疫力的目的。在教学过程中强调学生的参与性，这也是体育教学的基本形式，如在教授学生立定跳远技巧的时候，教师首先进行讲解示范，学生在观察教师的讲解示范后单独练习，在练习的过程中，教师对其错误的动作进行点评和指正，然后不断地规范学生的跳远动作，最终使学生掌握立定跳远的技巧。由此可见，学习行为表现的直接性是体育教学的特点之一。

三、高校体育教学的功能

体育教师不仅要向学生传授生物、生理等自然科学和体育的基本知识，还要将科学的身体锻炼方法与手段传授给学生，使学生掌握运动技能，同时达到学习、健身与锻炼的目的。从系统论角度出发，体育教学的功能与体育教学的内部结构存在逻辑关系。要了解体育教学的功能，就要先认识体育教学的内部结构。体育教学的内部结构包括学段、学年、学期、单元、课时教学，是一个比较完整的体系。体育教学的结构是中性的，因此，体育教学的功能也是中性的，没有优劣之分。此外，体育教学对培养学生的爱国主义情感，集体主义价值观，互帮友爱、顽强拼搏、积极进取的精神也有着极大的促进作用。具体来说，体育教学主要具有以下功能。

（一）传授运动技术的功能

原始人通过走、跑、跳、投、打等行为捕猎和采摘，从而获得生存的能量，因此可以说，传统的运动技能等同于生存技能。

现代体育教学所涉及的体育运动技能对于人体的要求不再像过去那样严格，教学内容主要包括球类、武术、田径和游泳等运动的技巧和方法。科学研究表明，适当参加体育运动对人身体素质的发展非常有益，而体育教学就是传授这些运动技术的最好方式。

在当前的体育教学中，体育教学活动的组织过程就是体育教师以体育教学内容为依据，向学生传授体育知识和相关技能的双向信息传送的过程。因此，运动技术是体育教学的主要内容，也是重要内容。具体来说，教师在体育课上传授的是各项运动具体的技术，如足球运动传球技术中的脚背内侧传球技术。运动技术的学习不同于其他学科的学习，学生不仅需要对运动理论有深刻的了解，还要身体力行地参与技术练习，在无数次的重复中逐渐使脑和身体建立起对技术的表象反应，最终熟悉动作并可以在下意识的情况下做出正确的动作。

作为运动技术的掌握者和传播者，体育教师在向学生传授运动技术的过程中发挥着十分重要的作用。体育教师对运动技术的传授应从简单的、入门的、基础的内容入手，在此之后逐渐积累，由简到繁，循序渐进。

（二）传承体育文化的功能

体育教师对体育知识、运动技能的传授都是为体育文化的传承服务的。从某种意义上讲，体育教学的真正目的在于教会学生正确的体育运动方法，并对学生的身心产生持续的、良好的影响。

传承体育文化是一个长期的、系统的过程，要想真正实现体育教学传承体育文化的功能，教师就必须通过不同阶段的体育教学使学生学习到较为完整的运动知识和运动文化。具体应从以下两个方面着手：

一方面，保证单次体育课内容之间教学的连贯。体育教师可以把体育课中学习的各种简单的运动技术累加起来，使学生学到某个运动项目的完整技术。

另一方面，保证不同阶段体育教学的可持续发展。体育教学是由每周两至三次的体育课组成的贯穿全年的教学计划。根据不同的教学周期，体育教学可以分为课程教学、周教学、学期教学、学年教学。比学年教学周期更长的就是多年教学，如小学体育教学、初中体育教学、高中体育教学和高校体育教学。体育教学应将这几个不同阶段有机统一起来，促进学生对体育文化系统、全面掌握。

（三）传播体育知识的功能

体育教学具有传播体育知识的重要功能。体育教学主要是通过改造学生身体的方式来实施教学的。从教与学的角度来说，我们可以将体育知识比作"身体的知识"。这种知识最初伴随着人类的发展而发展，在每个时期都有相应的对"身体的知识"的传承。例如，在原始社会，"身体的知识"就是人类通过走、跑、跳、投、打等动作捕获猎物或逃避猛兽的追捕；而在现代社会，"身体的知识"变成了对某项体育运动（如篮球、体操）基本知识或某些体育技能的掌握。

现代教育强调以人为本。人们对以人为本的教育教学理念的追求促进人类自我知识的回归，不仅使体育教学具有特殊性，还赋予体育教学知识传承的特殊意义。具体到体育教学中，教师在体育教学的开展和实施中要重视学生的主体性作用。学生是体育文化的继承者和传承人，体育教学就是要发挥体育文化的传承功能，使体育文化通过体育教学获得长久的传承。

体育教学对体育知识的传承不是简单地对"身体的知识"模仿，更多的是通过体育教学传承体育文化，即体育教师通过体育教学内容向学生展现、传授体育文化。

（四）健体的功能

增强人民体质是发展体育运动的根本目的。经过长期改革与实践，现代体育课程在设计教学大纲、选择教材内容、安排课时、实施教学组织等方面已逐渐合理化、科学化。

促进学生身体的发展，实现体育教学的健身功能是体育教学的本质意义。体育教师应始终将健康教育放在重要位置，根据体育教学的规律特点，将各种行之有效的健身内容、方法和手段应用到体育教学中去，有机协调体育教学的教育性、健身性、竞技性和娱乐性等，提高体育教学的质量，促进学生积极地参与体育运动，科学地进行体育锻炼，进而达到强身健体的目的。

为保证学生身体的健康，体育教师应酌情掌控运动负荷和强度。学生在体育教学活动中参与体育运动实践是必不可少的。参与运动实践必然会使学生的身体承受一定量的运动负荷。合理的运动负荷对提高学生的身体素质有极大的帮助，对学生的身体或多或少会产生一定的刺激与影响，其影响的程度要视运动项目的内容、学生的身体素质、持续运动的时间、运动间隙时间、学生营养补充状态等而定。不同的运动项目对身体素质的要求不同，如足球运动对人的耐力、爆发力、速度和灵敏性有着较高要求，游泳对人的心肺功能和协调能力有较高要求，等等。如果运动负荷过大，不但对学生的健康无益，还会对学生的健康造成损害。因此，体育教师在制订教学计划前要对学生的体质与运动基础有一个清晰的、全面的认识，遵循体育教学的规律，运用科学的教法，合理组织体育教学，从而有效发挥体育教学的健身功能。

第二节 高校体育教学现状分析与对策

一、高校体育教学现状分析

（一）教学观念落后

从目前各大高校的体育教学实际情况来看，有些学校未能摆脱传统教学观念的限制，传统的教育观念在一定程度上影响学生的思想，降低学生对体育教学的重视，打击学生学习的积极性，使得学生在学习中无法快速提高体育技能。另外，教师在教学工作中未能根据时代发展对高校教学的要求及时更新自身的教学理念，使得课堂教学工作缺乏一定的系统性，降低了课堂教学内容的合理性，使学生无法加强对相关知识的了解，阻碍着学生的发展。

（二）教学目标狭隘

教学目标狭隘，是当前许多高校体育教学中出现的典型问题：其一，很多高校体育教师在传统思维的影响下，会单纯地将提高学生的运动能力、竞技水平作为教学目标。诚然，这对于本身身体素质较好、运动能力较强的高校学生而言，能够便于其发挥长处，也能有利于许多高校教师对人才的挖掘和培养。但是对于一些身体素质相对较差、运动能力不强的学生而言，则会造成很大的学习压力，甚至打击其学习积极性。其二，许多体育教师在制定长期的教学目标时，往往会过多地关注体育本身的健身价值，却忽视了德育，因而影响了高校体育教学的价值发挥。

（三）教学内容枯燥

体育教材、教案是高校开展体育教学工作的主要载体。从实际运用情况来看，许多高校体育教学中使用到的教材，都存在着形式老套、内容枯燥的情况，对于高校学生而言没有较大的吸引力。通常高校学生接受体育学习的目的有两个：第一，提升身体素质；第二，让身心得以放松，促进身心健康。倘若高校体育教学的内容未能结合时代发展，不够与时俱进，将难以激发学生的学习兴趣，那么学生也不想在体育运动上花费更多的精力和时间，这对于其自身综合发展必定会产生不良影响，进而阻碍了高校体育整体教学工作的推进。

（四）教学方法单一

教学方法指将教学内容传授给学生的一种途径。高校体育教学所涉及的内容相对丰富，而且学生对于教学需求较多样化，再加上现代化教学技术不断更新完善，因此，这给体育教学方法的改良创造出良好条件，让方法更具针对性、科学性，吸引学生注意。然而从实际情况来看，仍然有很多高校的体育教师采取单纯的讲解示范法进行教学，并不注重对学生实践能力的提高。此类方法都过多地强调教师的主导地位，却忽视了学生的主体地位，如此便降低了学生的积极性。

（五）课外体育活动种类匮乏

课外体育活动是高校体育教学的扩展和延伸，也是体育文化的重要组成部分。目前有很多高校的课外活动都以体育竞赛为主，如小组篮球赛、足球赛等。此类活动多为体育竞技，竞赛色彩浓厚但缺乏一定趣味性，且参加活动的都是有运动特长的学生，导致课外体育活动仅仅有部分人参与，无法实现全面育人目标，因而也无法凸显出体育教学延伸的价值和意义。

（六）教学评价体系不完善

作为体育教学中的一个重要环节，教学评价主要是为了了解学生的学习情况，以及及时发现教学中所存在的问题，并以此为依据对教学过程进行优化调整，提高教学的针对性，并对学生起到一定的激励作用，以推动教学质量的提升。然而，在当前高校体育教学评价中，教学评价体系不够完善，缺乏科学性与有效性，教师通常只是以学生的学习成绩考核为主，对学生的学习效果进行评价，过于注重终结性评价，很少将学生的学习过程纳入考核范围，忽视过程性评价。在考核评价过程中，几乎不考虑学生的学习积极性、运动参与态度、运动技能进步、思想道德等方面情况，这也导致体育教师在具体的教学中对这些情况缺乏足够重视。

（七）教学资源配置不平衡

虽然部分高校在教学过程中逐渐认识到体育教育改革的重要性，但是多数高校体育教学工作中仍旧存在着一定的问题，限制着学生的发展，使得学生在体育学习中无法快速提高自身的身体素质与体育学习成绩。高校在体育教学工作中未深入了解其作用，在教学工作中未能加强对体育教学资金的投入，而是在学生专业性课程中投入大量的资金，因此，高校体育改革工作中出现校内资源配置不平衡的现象。这导致学生在体育课堂学习中因体育器材的匮乏而不能得到充分的练习，降低了课堂教学质量，限制了学生的发展。高校相关人员在实际工作中应根据学生的学习需求加大对体育教学改革的资金投入，提高高校体育课程的教学水平，促进高校的快速发展。

（八）教学改革的理论研究与教学实践缺乏整体性

虽然我国有关部门逐渐认识到了体育教学工作对学生全面发展的重要性，并在相关工作中要求高校在教学过程中实行素质教育，以期能够促进学生全面发展。在实际工作中，部分相关人员及高校教师并未根据我国高校体育教学改革需求对工作进行改进，导致体育改革工作无法顺利完成。由于在教学工作中并未根据体育教学改革工作的要求全面了解学生体育学习的需求，并未落实相关理论工作，教师无法提高自身的教学水平。

二、高校体育教学问题解决对策

（一）树立科学先进的教学观念

从目前情况分析，高校的体育教师应当在日常工作中，建立起以下三种科学化的教育观念：第一，"健康第一"，此教学观凸显出学生体育活动的重要性，尤其是关注到驼背、斜肩等问题，并做好监护，防止学生锻炼时不慎受伤；第二，"终身体育"，此观念表达的是要让学生具备日常运动的习惯，并能积极参加力所能及的课外活动，从而利于其未来发展；最后，"立德树人"，所有学科中关于融入德育教育已是必然趋势，因此，高校体育教师要明确体育运动中所体现出的德育价值，并结合社会对高校学生品德素质的需求来强化基础化德育工作，以提高学生对体育教学的认知。由此可见，在教学工作中，教师只有及时更新自身的教学理念，正确认识体育教学在高校教育中的重要性，加强教师对学生的引导，才能促使学生快速发展，提高学生专业课成绩、实践能力、身体素质，以此提高学生的综合素质。

（二）制定符合实际的教学目标

教学目标是否符合实际，会直接影响最终的教学质量。从宏观角度分析，最基础的教育目标是提升高校学生的身体素质和保障其身心健康，核心目标是培养高校学生的品德素质，更长远的发展目标则是让学生养成良好的运动习惯，从而促进其未来发展。从微观角度分析，任何高校的整体体育教学目标，应当是促进所有学生发展，而从中对体育人才的发现并培养，则是后期的发展目标。在制定上述目标时，高校的体育教师要着眼于学校综合因素，包括体育教学设备、师资力量、学生体育需求等，尽量保障教学目标的简洁、严谨、精细。

（三）增加丰富新颖的教学内容

为了增加更多新颖、充满趣味的教学内容，高校体育教师可从以下几点做起：第一，结合调查问卷、随机访问、课堂抽查等方式，了解目前高校学生对体育教学的态度，并汇总记录下学生内心希望学习到的体育知识。在此过程中，教师要鼓励学生积极表达看法，各抒己见。第二，在搜集到学生的反馈信息后，学校要组织专业的教师团队，设计或引用符合本校发展的体育教材、相关教案等。相关学者研究显示，冰雪运动、定向运动、电子竞技等运动项目受到年轻群体的青睐，因此，学校可根据自身发展情况，有计划地围绕一些新兴的体育运动，设计出新颖的教学方案，激发出高校学生对于体育学习的积极性。例如，2021 年 3 月，吉林市成立了中国大学生体育协会雪上项目运动分会，此举措便于借助大学校园对冰雪运动加以宣传和普及，提高了高校学生的运动参与度。

（四）创新灵活的教学方法

传统的教学方法虽然能起到一定教学成效，但并不利于培养高校学生的实践、思考、创新能力，而这些能力对于高校学生未来发展而言都非常关键。因此，高校的体育教师要着眼于学生的未来发展，将培育优秀的社会人才作为教学目标。从目前情况分析，小组教学、分组讨论、案例教学、比赛教学、情境创设等方法，更能有效提升学生的思维、技能。同时，上述方法更多强调学生的主体地位，主张学生要自行发现问题、解决问题。此外要注意是，在信息化时代的背景下，互联网、云计算、AI 等科学技术开始被广泛运用到高校教育中，因此，体育教师也可跟随时代发展步伐，多利用一些先进的教学技术来创新课堂教学，如微课教学、慕课教学。

（五）组织多样化课外体育活动

在课堂体育教学之外，高校体育教师可多组织一些有趣的活动，以提高学生兴趣。例如，当前许多高校学生偏好于冲浪、滑板、街舞等新兴活动。因此高校也可结合自身的实际教学条件和目标，有针对性开展体育活动。如厦门大学开设了网红桨板课，浙江大学、长沙理工大学等开设了攀岩课。在设置体育教学课程时，教师要从学生的日常生活分析，并明确课外体育活动和单纯的体育运动之间的差别，如关于体育活动的摄影展览、体育相关的设计等课外文化活动，能够满足高校学生独特运动审美，促进其全面发展。

（六）加强体育教学评价体系的创新与完善

针对当前高校体育教学评价体系不够完善的问题，各高校可以从以下几个方面对体育教学评价体系进行创新与完善。第一，评价方法方面，应该坚持以教师评价、专家评价为主，还应该引导、鼓励学生对自身的体育课程学习情况、其他同学的学习情况以及体育教师的教学情况进行评价，鼓励学生勇敢地表达自己的想法与建议，并参考学生的评价，主要采用量化评价与质性评价相结合的方法进行；第二，评价内容方面，除了需要对学生的体育知识学习情况、体育技能掌握情况进行评价之外，还应该对学生的学习过程进行评价，对学生的道德品质、体育审美、赛事欣赏、社会适应能力、努力程度、进步幅度、参与态度、实践能力等方面的情况进行综合全面的评价，建立多元体育教学评价体系，以使学生对自身的学习情况形成客观全面的认识，以便于在之后的学习中针对自身的不足进行有针对性的学习与训练。

（七）重视体育教学资源的投入、利用和开发

高校在体育教学工作中应帮助教师树立体育教学改革意识，并逐渐加强对体育教学资源的投入、利用和开发工作，为我国教育改革工作奠定一定的基础，促使其快速发展；提高对体育教学工作的重视，积极修建体育运动场所，引进先进的教学器材，确保在体育课堂中学生可以利用足够数量的器材进行练习，减少学生在课堂中等待的时间，以此提高课堂教学工作的效率，提高学生体育技能；应加强对教师培训的投资，在一定程度上提高教师的专业教学水平及教师的教学能力，使其在教学工作中可以提高教学水平，为高校体育改革工作做出一定的贡献。

（八）加快理论与教学实践整体性发展

高校及教师在体育教学改革工作中应加强对实践工作的重视，确保体育教学改革工作可以在提高学生的身体素质及综合能力中发挥其重要作用，保证学生在进入社会中快速地适应自身的工作岗位，促使学生快速发展。在体育教学改革工作中，教师应全面完善体育教学相关理论，保证学生可以通过相关理论全面了解相关知识，提高学生体育理论知识的系统性，并在学生具备一定理论知识的基础上加强学生对相关知识的实践，强化体育技巧，以此帮助学生提高自身的体育成绩。

第三节　高校体育教学改革探究

一、高校体育教学面临的问题

（一）高校体育健康课程标准贯彻不到位

课程标准是国家对基础教育课程的基本规范和质量要求，是教学开展、教材编写等的依据，以学生发展为中心作为课程理念，以人为本，充分发挥学生在课堂中的主动性，将学生放在主体位置上，尊重学生生理特点，尊重学生的兴趣。而在实际践行落实过程中存在以下问题：

（1）体育健康课程标准的课程价值在教学中落实不到位。在教学过程中，教师基本按照教学大纲来教授，缺乏社会适应、疾病预防、安全应急与避险等方面的知识和技能等，与体育课程标准思想不符。

（2）高校在培养终身体育意识、以学生发展为中心与关注个体差异等方面践行不到位，在教学方法和行为举止上以教学为中心，把学生当成装载知识的器具，由此进行灌输式的体育教学，统一的要求、进度、内容致使学生的爱好、特长与需求得不到展现与满足。

（3）相关部门没有系统地调查及了解高校对课程标准落实的情况，致使学校对课程标准的执行总结不够。

解决以上问题可根据相关要求通过学校及相关部门、教师、学生来推进课程标准坚决有效的执行。

（二）体育教育中对终身体育意识培养不足

在实际教学过程中，高校体育课堂并未坚持发展性评价原则，对学生体育意识的关注度不足，在教学实践中没有考虑学生社会适应性等方面的问题，甚至对于安全应急等相关技能也未向学生全面传授，导致学生对于体育学习的认知出现偏差，过于重视期末测试成绩，而非自身在学习中所获得的成长。此外，很多教师未意识到学生之间的差异，在体育课堂中运用统一的要求来约束学生，这种灌输式的教育模式只会打消学生的积极性。高校学生作为推动社会发展的新动力，自然不能只作为承载知识的机器，而是要在学习中树立正确的意识，拥有持久的学习动力。由于当前教学模式的呆板，很多学生对于终身体育的认知不够透彻，认为自身在体育课堂中并不能获得展现与满足，导致在体育学习中的执行力不够，这样既影响体育教学改革的顺利推进，也影响学生未来对体育学习的兴趣。

（三）体育教师结构不合理

教师作为学生与体育课堂的纽带，在教学活动中占据重要的引导地位。教师在体育课堂中不仅承担着传授科学知识的责任，还要为学生讲解健康锻炼的原理，等等。当前各高校体育教师结构存在以下不合理情况：①青年教师为骨干力量，但晋升压力较大。②职称结构中讲师以上教师比例较小。③学历结构中硕士以上学历人才占比较低。④院校体育教师学缘结构单一，高校体育教师大多是从各类体育大学、学院毕业，所接受的教学模式与教学风格大同小异。据不完全统计，高校教师来源于同一学校的最高比例不超过 30%，而且，声望越高的大学，比例越低。而比例过高将不利于体育教学发展。⑤体育教师中一专多能的人才较少。高校教师结构出现的这些问题，久而久之将阻碍体育教学的发展。

（四）高校体育运动项目内容缺乏系统性和针对性

从掌握运动技能的角度来看，我国九年义务教育与高中教育中体育教学内容对田径、篮球、乒乓球等项目基本技术规则已经进行基本的普及，而高校作为高等教育的场所，教授的体育运动项目内容还是简单的起跑、运球、挥拍等，与之前学生所受到的体育教育衔接不良，学生技能水平无明显提高。从增强体质的角度来看，高校的体育教学内容基本是以简单的跑、跳、投为主，如 50/800 米跑、立定跳远/收腹原地跳、投掷铅球等，与之前小初高的体育课并无太大差别，而在运动量方面也未达到成年人所应承受的负荷，学生体质水平无明显的提高。

（五）学生自身要求过低，学习主观能动性不强

学生是教学中的主体，是教育工作的主要对象，高校学生经过九年义务教育与高中教育的体育教学，大多数对体育课程的定位与概念是模糊的。对于体育课程没有一个明确的目标；在课后很少对体育课程内容进行回顾与练习，碰到问题不能主动向教师请教，长此以往技能掌握程度与水平增长变缓，慢慢对体育课程失去兴趣甚至厌恶。解决此问题需要学生了解当下时代与社会赋予青年人的使命与体质健康对其生活的影响，需要教师在教学过程中采用诸多方法调动学生对体育运动的兴趣。

二、高校体育教学改革的措施

（一）以人为本，大力践行落实体育与健康课程标准

体育与健康课程标准是对课程性质、目标、内容等方面的指导性文件。针对高校对其落实与监督力度欠缺的情况，需要采取以下措施：首先，学校层面加强重视。学校领导定期根据标准中的要求与目标对课堂教学进行检查与评价。其次，落实课程标准的主阵地在课堂。教师应当以锻炼学生身体为抓手，以发展学生身心健康为落脚点，以激发学生兴趣为内驱力。最后，从学生入手，普及体育与健康课程标准内容。教师通过对标准内容的解读使学生在课堂上更加投入，并根据教学内容提出问题，形成良好互动环境，从而有助于课程标准的践行与落实。

（二）培养学生终身体育意识，促进实现提升人均健康寿命的目标

高校作为社会后备人才培养基地，有责任将其目标落实到日常教学当中。教师应当理解意识的概念以及培养的方式。意识是一种自觉的内心活动，是对现实存在的能动反映，促使人类认识和改造世界。而对学生终身体育意识的培养应分为教学中与教学外。教师在学期初对学生耐力素质、力量素质、速度素质、精神状态等进行基础的测评，选择适合的教学内容使学生愉悦并激发兴趣，令其在教学中获得"付出就有回报"的满足感，提升信心，享受体育运动带来的快感，在教学过程中教师应树立公信力，发挥人格魅力作用。在学期末再次进行身体素质的测评，用直观的数据向学生说明坚持运动对其身心的影响，并用学生自我总结

等方式来评价这学期的运动感受，这有利于学生养成体育运动的习惯以及终身体育意识的培养，有利于学生步入社会后增强体质、减少疾病发病率，从而促进我国提高人均健康寿命目标的实现。

（三）完善教师结构，打造合理化教师团队

体育教师是高校体育教学工作的主要推动者，故打造一支出色的教师团队是重中之重。首先，要加大人才引进力度。大力引进副高及以上职称教师或硕士及以上学历教师来提高学科建设与教学质量。体育是一门应用科学，需要学科带头人对高校体育方向进行科学合理的把握，并带动指导青年教师的成长。其次，实现评职称的多元化。由于体育的特殊性，高校体育教师大概分为三个方向：带队竞赛、公共教学、科学研究，如若根据教育部与高校对职称评定的要求，主要负责竞赛及公共教学板块的体育教师评选副高或正高有较大难度，将打击教师的积极性与进取心。对于这两类教师可通过竞赛成绩与公共教学质量等对其进行考核，考核结果可作为评定依据。最后，通过人事政策的改变促使高校从各国或不同地区积极引进体育教师，并鼓励内部教师外出交流学习以及继续深造，以此来改变高校教师团队结构不合理的状况。

（四）开展喜闻乐见的运动项目，结合区域特色创新教学内容

解决在有限时间的课程中最大限度地调动学生兴趣、掌握技能、拓展知识面以及提高身体素质等问题。首先，以高校学生对新鲜事物好奇心为出发点，学校应当在条件允许下开展当今热门体育项目如瑜伽、健身操、体适能训练等课程，调动学生兴趣，增强学生学习与锻炼的主动性；其次，在上述基础上针对不同区域特色对教学内容进行创新，如广东、福建等地可开设水上运动类课程（集美大学开设龙舟课程、岭南师范学院开设潜水课程），北方地区可开展冰雪项目（北京体育大学开设冰壶课程），等等；最后，教师在传统类项目（田径、乒乓球、篮球等）教学内容设定时要区别初、高中教育与高等教育，对高中教学内容应当注重合理衔接，不可直接重新学起。要注重教学内容的系统性，提升运动负荷强度与技术难度。

（五）立足全生命周期，建立运动处方库

运动处方是对以科学锻炼身体、提高身心健康水平、预防或治疗疾病等特定目的或要求的人，开出运动形式的医疗处方，具有因人而异的特点。教师可通过课堂中对学生几项基本身体素质测评结果或体质测试结果进行分类分析，建立学生个人体质健康档案。学生根据各项数据可直观地了解自身的体质情况，并根据评价进行有针对性的体育锻炼。这样可以激发学生的兴趣、明确学生运动锻炼的目标，长期坚持锻炼将提高学生身体素质的平均水平，促进全民健康这个根本目标的达成。

第二章　健康教育与高校
体育教学融合研究

第一节　健康教育概述

一、健康教育的内涵

健康教育既是预防医学中的一个新兴学科，又是卫生服务事业中的一项实际工作。其工作目标是使人们在面对促进健康以及疾病的预防、治疗、康复等各个方面的健康问题时，有能力做出和实现有益于健康的抉择。

目前世界上仍无统一的"健康教育"的标准定义。如果把权威机构、著名学者对健康教育的定义一一罗列，则有百余种。在 WHO（世界卫生组织）历年正式文件中对"健康教育"也有多个不同的提法。这是由于世界各国的社会经济和卫生事业发展不平衡，健康问题和健康需求千差万别，因此各国的健康教育工作者的工作重点、对健康教育认识和体会也各不相同。

我国健康教育工作者在总结世界各国健康教育观点的基础上，提出了如下定义：健康教育是指通过有计划、有组织、有系统的教育活动，促使人们自愿地采纳有利于健康的行为，消除或降低危险因素，降低发病率、伤残率和死亡率，提高生活质量，并对健康教育效果做出评价。

健康教育是一门研究以传播健康知识与技术、影响个体与群体行为、消除健康风险因素、预防疾病、促进健康的科学；它重点研究健康知识传播和行为改变的理论和方法，以及社区健康教育的组织、规划和评价的理论与实践；它的理论依据和专业技术主要来源于医学、社会学、行为科学、传播学、科普学、统计学、美学等学科，并通过传播和教育手段，向社会、家庭和个人传授卫生保健知识，提高自我保健能力，养成健康行为，纠正不良习惯，消除健康危险因素，防止疾病发生，促进人类健康和提高生活质量。若作为定义，文字过于冗长，但却为我们提出了一个较完整的健康教育概念。

二、健康教育的分类

作为卫生服务事业中的一项实际工作，健康教育被人们从不同角度做了如下分类：

（1）按健康教育的目标人群或开展场所可分为城市社区健康教育、农村社区健康教育、学校健康教育、职业人群健康教育、患者健康教育、消费者健康教育、卫生相关行业健康教育。

（2）按健康教育内容可分为营养健康教育、预防健康教育。

三、健康教育的目的

健康教育的目的是根据人的生理特点，通过课堂内外的各种教育活动，提高人们的健康知识水平，增强人们的自我保健能力和对社会健康的责任感，促进有益于个人、集体和社会的健康行为、生活方式以及习惯的养成，预防疾病，降低常见病的发生率，促进人的身心健康和提高其对环境适应能力等方面的全面发展。

（一）提高健康知识水平

提高人的健康知识水平是健康教育的首要目的。实践研究表明，人的某些不良生活方式和卫生习惯，往往是由缺乏基本的健康知识所致。例如，当前学生群体中近视的占比很高，这与学生不注意用眼卫生有关。如果及时强化有关近视成因和预防方法的教育，并在平时注意视力监测工作，则学生近视的占比就可能下降。又如，在目前校园内掀起的减肥热潮中，有不少学生盲目行事，进入认识和行为的误区，损害了身体健康，如果掌握了相关的健康知识，这类现象将会减少很多。

（二）改善对待个人和公共卫生的态度

一个人对待个人和公共卫生的良好态度，是促使其将健康知识转化为行为和习惯的动力，是健康教育取得良好效益的前提。所谓态度是个体对人、对事所采取的一种具有持久性而又一致性的行为倾向，它能对个体的行为起到直接干预作用。高校学生对待卫生问题的正确态度，是通过在校期间对健康知识的学习和受周围环境的影响而逐渐形成的。因此，高校必须抓住教育的良好时机，加强健康教育，以改善学生对待个人和公共卫生的态度。

四、健康教育的原则

健康教育原则是指健康教育过程中必须遵循的一些基本要求，它是健康教育理论的重要组成部分。健康教育原则来自医学、教育学、人类学、社会学、传播学、经济学、政策学、管理学及其他有关学科领域的理论与知识，是对健康教育实践经验的概括，它既反映上述研究领域的一般规律，又体现了健康教育的特殊规律。

在健康教育实践中应遵循的原则有以下几点。

（一）科学性原则

健康教育旨在传播、普及、提高卫生科学知识，使人们了解、拥有健康，所以应首先做到内容正确、举例真实、数据可靠，切忌片面化、绝对化，以免造成受教育者的误解。

（二）针对性原则

健康教育的对象是全体人群。由于学生在认识水平、接受能力以及对卫生知识的需求方面存在差异，因此健康教育必须因材施教。

（三）群众性原则

健康教育要体现接受教育对象的涉及面广和参与教育人员数量多的原则，尽量将深奥的医学、教育学理论变得通俗易懂。

（四） 差异性原则

根据不同对象生理特点的差异，采取各种不同的教育方式，力求做到教育内容与形式的统一。

五、健康教育与学校体育的联系

随着社会的发展、科学技术的进步，培养高素质专门人才，是适应知识经济时代发展的基本要求。对于个人来说，身心健康是学习、工作、生活的前提，是一切活动的基础。任何国家的健康教育都是从学校开始的。学校体育教育的目的是让学生学会科学锻炼的方法，培养健身意识，养成健康的生活方式和终身锻炼的习惯。因此把健康教育理念融入体育教育是社会发展的必然趋势。

体育以身体运动为基本表现形式，维系着人类的生存、生活与发展，而健康的身体又离不开运动，它们之间的这种天然联系决定了体育在健康教育中的重要地位。应该看到，体育主要体现在有目的的身体活动中，因为有了这些体育活动，人才能增强体质，提高身体素质，缓解压力，调节身心。

社会的发展需要提高人的健康水平，那么人类就会利用体育与健康之间的天然联系，通过转变观念、提高认识、掌握方法与自我实践这个潜移默化的教育过程，把体育与健康的天然联系演变成为一种社会联系，并按照社会发展的需要充分发挥体育教育潜移默化的作用，进而解决与社会有关的健康问题。具体地说，就是加强对学生进行体育与健康文化内涵的教育，通过全面发展身体、愉悦身心，达到提高生活质量的目的；加强对学生进行适应社会、适应自然环境的教育，通过在艰苦环境下磨炼意志和提高抗挫能力，达到使学生学会生存的目的；加强对学生进行个人利益与社会规范相结合的教育，培养其竞争意识和团队精神，达到提高社会适应能力和提高道德素养的目的。

总之，体育与健康有着内在的联系，体育与健康教育相互结合是社会进步的标志，是人们对健康认识的进一步深化。

六、健康教育与学校体育融合发展

现阶段，虽然教材在体育课堂教学中得到了一定运用，拓展了传统体育课堂的教学内容，但现在的体育教学模式仍然侧重于练习基本的运动技能，忽视健康教育。学校体育课程与健康教育不能完全融合在一起。其原因主要是：第一，健康教育内容中没有足够的相关理论知识来支持教学实践活动的开展；第二，学校课程与体育教师的发展目标之间的关系不统一。为了提高学生的健康意识，促进学生身心健康发展，一定要高度重视健康教育与学校体育的融合发展。

（一） 学校体育与健康教育融合发展的重要性

学校体育课程的指导思想是"健康第一"，而健康教育的目的主要是促进学生身心健康发展，其目标是让学生学习和掌握更多的健康知识和技能，养成健康的观念和意识，逐渐形成健康的生活行为习惯。学生的发展关乎着国家未来的发展，因此国家和社会越来越关注学生的身心健康，并发布了一系列政策，以促进体育与健康教育融合发展。此外，学校体育与健康教育的融合是促进学校自我发展的必然要求。在二者融合发展的过程中，在丰富学校体育课程内容的同时，使体育课程更加贴近生活，更能激发学生的兴趣，有利于促进学校健康教育目标的完成和学生身心健康的发展。

（二）学校体育与健康教育融合发展面临的困境

目前学校体育与健康教育融合发展面临的困境主要有以下几方面：

第一，体育教师缺乏相关的专业培训，而且开展健康教育所需要的教学资源、资金、设备和仪器等物质基础比较缺乏。

第二，体育课程大部分以实际的运动技能练习为主，健康教育课程开课率低，而且学生对健康教育课程的参与度不高，对健康认知的水平不高。

第三，缺乏系统的健康管理，课程组织和管理以及教学评价体系不够完善。

第四，教师对健康教育课程的忽视，导致学生缺乏针对性的健康教育，无法系统地形成健康的思想观念、行为意识和生活习惯。

造成这些困境的主要原因如下：①整体教师队伍健康素养参差不齐，这严重影响了健康知识的传播，使体育教学只注重对体育技能的培养，不利于学生的全面发展；②相关政策和机制体系以及立法保障不够完善，学生的健康得不到有效保证，健康管理混乱，见效甚微；③教师对健康教育理论的研究和重视程度不够，不能为学生提供有效的、有针对性的健康指导；④体育教师对健康教育的落实程度小，导致学生的健康素养和课堂参与度不高。

为了解决学校体育与健康教育融合发展过程中的困境，学校和体育教师要在健康素养的引导下，坚持对健康教育知识的传播与对健康能力的培养、针对性教育与普及性教育、引导学生与规范学生、外在帮助与内在动力激发、教师健康素养与学生素养齐头并进和相互融合，不断完善学校健康管理体系和健康教育评价机制，积极拓展符合社会发展的课程内容，为学生的身心健康和全面发展提供有力保障。

（三）学校体育与健康教育融合发展策略

1. 建立健全、高效的健康管理体系

健康管理的主要手段包括干预、检测和评价，其中干预是核心。健康管理是通过这些手段全面管理群体或个体存在的危险因素，是一个循环的过程，其宗旨是实现高效利用健康资源、增强干预针对性的目的。当前学校健康管理存在的主要问题包括缺乏制度保障和干预机制、组织机构管理不严格。建立高效、健全的管理体系，有利于加强对管理机构的管理，重构运行系统，进而提高健康资源的利用率，促进二者融合的落实。

（1）完善管理制度，建立健全的管理机构

健全的管理机制是促进学校体育与健康教育融合发展的重要保障。其主要措施包括：在校长的带领下建立健康教育工作小组，共同讨论制定相关的工作细则，建立信息、人员、利益和场馆等资源共享、优势互补的平台；学校应制定并完善的相关规定制度，如校园公共卫生防控制度等，并将健康教育纳入对学生的综合性评价体系；教育部门要建立、健全长期有效的健康教育监督机制，并将学生的健康水平纳入对学校工作的考核评价指标。

（2）重构运行系统，加强评价干预

目前，学校侧重于学生的健康测试，忽视了对学生的测试结果进行评价和反馈，因此，学生的健康水平提高不明显。学校和教师可以采取调查测试、建立档案、分析报告、设计干预等措施加强对学生的个性化管理，通过评价和反馈提高学生的健康意识。

2. 探索有针对性的健康干预措施

健康教育的普及有利于培养学生的健康意识观念，但有针对性的健康干预则有利于学生养成正确的健康习惯和生活方式。健康指导模式的出现为探索健康教育措施提供了有效的指导，它更加注重个性化的健康教育方式，提倡激发学生的个人主观能动性，促进他们自我改进。例如，根据学生的实际情况（包括年龄、性别、家庭体育条件、身体状况和诊断结果等），设计个性化的干预方案，以激发学生的内在动力。

（1）优化健康干预内容

健康教育干预内容的优化即把优化学生健康知识逐渐转变为提高学生的健康素养，促使学生在学习健康基础知识的同时，养成独立解决问题的习惯。此外，还要考虑学生的个体差异性，尊重其主体地位；促进健康教育生活化，引导学生养成健康的生活习惯。

（2）优化健康干预的实施方式

促进师生关系的友好发展，干预过程中要以学生为中心，为学生健康素养的培养提供有力支撑；创新学习方式，激发学生学习主动性，通过开展与健康相关的讲座、探究活动，促使学生自主学习；增加学生健康实践活动，课堂上的健康教育只能向学生传播书本理论知识，只有实践活动才能更好地发挥健康教育的作用，更好地将理论与实际相结合，提高学生实践能力，养成健康的生活行为习惯。

（3）优化健康干预效果评价策略

对健康干预效果的评价，不仅要注重结果，还要注重过程，从多方面进行多元化、综合性的分析，包括健康意识观念、健康习惯与生活行为方式等。此外，评价主体也要多元化，可以通过学生、教师和家长共同评价，并有效反馈给学生；评价方式多样，包括表现性评价、纸笔测试、活动表现评价等，教师可根据实际情况选择恰当的评价方式。

3. 优化健康教育教师队伍发展策略

健康教育课程的开展和发展都离不开教师，加强对健康教育教师队伍的培养是保证健康教育和学生发展的重要条件。优化健康教育教师队伍发展策略具体如下：

（1）要确定教师队伍的发展目标，坚持"以学生发展为中心"的教育理念，树立正确的健康观念，不断提升自身的健康教育专业能力，提高健康素养，为学生树立好榜样。

（2）拓宽健康教育教师进入渠道，通过专职教师、校医、体育教师等教师队伍的建设，解决当前学校健康教育师资力量不足的问题。

（3）学校可以给予教师一定程度的决策权和课程自主权。

（4）通过专业培训提升教师健康教育专业知识水平和实施能力。

（5）教师重视教学反思，不断改进和创新健康教育教学方式。

4. 改善学校健康教育环境

学习环境能为学生的发展提供有力的支持，因此，学校要重视对健康教育环境的建设，促进学生身心健康发展。

第一，丰富学校的健康教育资源。拓展经费来源渠道，配备和完善设备、仪器和场所等相关基础设施；积极研发健康教育相关的资料和课件，丰富授课内容，建立相关的健康教育数据库，提高开课率；通过健康教育网站、信息化平台等，促进学生主动学习；通过举办各种体育活动，呼吁更多的学生关注健康，积极参加运动。

第二，营造良好的运动氛围，改善健康教育主体关系。学生健康教育的三大主体是家庭、学校和社会。家长是孩子最好的老师，因此，家长可以通过良好的家庭氛围和自身的言行来影响孩子，促使孩子形成良好的习惯；学校通过开展体育活动和健康教育课程，提升学生的健康素养，养成健康意识和观念；社会可以提供相应的财政和政策支持，提高社会对健康的重视程度，营造良好的健康氛围。三者共同努力、互相补充，为学生提供和谐的健康教育环境。

第二节　健康教育在高校体育教学中的实施策略

一、转变观念，提高认识

高校需进一步重视体育卫生和健康教育工作，加强对高校学生健康教育工作的领导，帮助高校学生掌握体育保健知识、体育健身方法及卫生等健康知识，切实提高其自我保健意识及能力，同时需加大投入力度，着力改善运动条件和环境，努力为健康教育奠定坚实基础。

二、教学目标应以"社会化"为导向

"教育社会化"及"社会教育化"是教育向深层次发展的重要标志。长期以来受到"以学校教育为中心"的影响，人们习惯将教育视为学校的事情，目前家庭教育、社会教育及学校教育尚未形成三位一体的连贯性。健康体育强调在健康教育过程中，把学校教育与社会教育相结合，除了要重视学校教育目标外，还要关注社会教育目标，并将社会教育长远目标作为导向，体现于高校体育教学实践中，切实加强高校学生的健康观、终身体育观等人文社会学科教育，为体育锻炼终身化奠定坚实的思想基础。

三、丰富教学内容

改革以竞技体育项目为主的传统教学内容体系，积极构建符合高校实际，以增强高校学生体质、促进其身心健康和谐发展为目的的教学内容体系。传统体育项目如太极拳、舞龙等项目的健身实效性很强，同时蕴含民族文化价值，将传统项目和休闲项目有机结合，可进一步丰富体育教学内容，扩大高校学生的选择面，同时对于促进高校学生对东西方体育文化的了解十分有益。

四、优化教学方法

教学方法需由过去的以健身为主转移到开智的功能上来，由注入式教学转到在教师启发下学生独立掌握体育知识信息。积极运用现代化的电教手段，采用开放型及探索型教法和手段因材施教，将教学课堂转变为起点不同的学生均可接受并能获得满意的知识和技能的平台。因此，在教学方法方面应该要求全体体育教师，积极采用开放型和探索型的教学方式，区别对待、因材施教。

五、建立健全教学评价体系

体育教学评价的原则是以人为本，采取科学客观、重在激励的评价方法，避免采用单一的或者统一的标准考核全体同学，否则既不公正，也难以达到促进其身体健康的目的。作为教师需采用公平合理的评价标准，综合考虑学生的品德修养、努力程度和进步幅度等指标给予综合性评价。该评价可肯定高校学生努力所取得的进步，促使高校学生进一步增强自信心及上进心，更加主动投入体育学习。

六、注重师资队伍建设

高校体育教学改革给体育教师提出更高的要求，体育教师不仅需要完成讲授健康知识，还需通过体育实践课积极融入有关健康内容，促进高校学生对健康的认识，因此，加强对体育师资的培训势在必行。高校通过在职培训，提升体育教师在健康教育和卫生保健等方面的能力，从而满足高校体育和健康教育结合的需要。

七、进一步完善体育与健康教育相结合的学科体系

高校体育的本质功能是强身健体，与健康教育之间存在着密切联系，高校体育需充分体现"健康第一"指导思想，构建"体育教学与健康教育相结合"的教学模式，加大学校体育和健康教育的科研力度，通过广泛开展健康教育，帮助高校学生掌握受益终身的必需的知识和技能。高校领导和体育教师应该转变观念，提高认识，完善体育教学与健康教育相结合的学科体系，进一步提升育人质量。

第三章 高校体育教学理念改革科学探索

第一节 体育教学理念的现状与转变

体育教学理念是体育教师与体育教育工作者秉持和坚守的教学指导思想和方针，是落实体育教学工作的准则和精神。体育教学理念是体育教学工作的指南针，指引体育教师将正确的教学方法、教学思想、教学观念引入到以体育教学为主的环境中，以身体运动、卫生保健等为手段，对学生开展有目的、有计划、有组织的体育教学活动。

我国学校体育教学理念不断完善、创新，从"发展体育运动，增强人民体质"，到"健康的身体，健全的心理素质，良好的社会适应能力"，等等，体育教学的目的、思想发生了很大的改变。要想把良好的思想传递给学生，唯有教学理念切实贴近学生的发展需要、教师认真执行与贯彻，才能帮助学生成长。所以，体育教学理念是学校体育软实力的重要因素之一，是一个标杆，能够给学校体育教学以正确的引导。

一、体育教学理念现状分析

以高校为例，除体育学院等专业院校以外，其他高校的体育课成了选修课，教师也忽视了体育教学理念的重要性。高校学生根据单项体育运动的兴趣、爱好自主选择体育项目，高校对高校学生的体育培养出现了体育生与非体育生的两极分化现象，使得很多理工科、文史科学生身体的素质不合格。很多综合类院校都以"尊师重道"为教学理念，而"厚德博学，育人夺标"则是体育学院的教学理念。其实后者更全面地强调了学生的发展。

总的来说，高校体育教学理念存在两大问题：其一，以教师为单一主体，制约了学生综合素质的全面发展；其二，非体育专业高校对体育课程的忽视。

二、体育教学理念的转变

（一）"健康第一"，促进学生全面、和谐发展的理念

长期以来，我国的教育比较注重为国家和社会培养有知识、有能力、有社会责任感的劳动者。这无疑是正确的，但如果过于注重教育的社会价值取向，忽视教育对个体发展的重要作用，势必会严重影响教育的社会功能的发挥。古人所说的"修身、齐家、治国、平天下"，其顺序并不是随机的，而是包含着深刻的育人道理。受教育阶段的学生可塑性强，还没有形成足够强大的自我控制和自我教育的能力，外部环境对其身心健康的影响非常重要，学校教育的内容和方法对学生身心各方面发展的质量和速度起着举足轻重的作用，科学、全面的教育可以促进学生的发展。

长期以来，人们一直在宣传和强调"德、智、体、美、劳"全面发展的教育方针，但在

应试教育下，知识的传授成了学校教育的主要活动，升学和考试成了教师教学和学生学习的唯一目的，学生其他重要方面的发展几乎处于自发状态，根本谈不上全面发展。对学生体质健康担负重要使命的学校体育工作者应树立"健康第一"的教学理念，进一步加大体育课程和学生体育活动改革的力度，在内容的安排上针对学生体质健康存在的问题，选择具有一定运动负荷、能有效提高学生身体素质的体育项目，以改善学生的心肺功能，增强学生的体能，提高学生的耐力素质，让学生在体育活动中享受快乐的同时，接受"生存教育""磨难教育"，提高学生的抗挫折能力，从而促进学生身心健康的发展。

（二）因地制宜地开展高校体育工作的理念

中国地域辽阔，从北到南，从东到西，在地理环境、气候条件及经济基础等方面都存在较大差距，如西部经济不如沿海地区发达，在教育事业经费投入方面差距很大。在体育场地和器材设施方面，一些大中城市的学校操场都修建了全天候塑胶场地，有漂亮的体育馆，体育器材设施齐全，为高校体育创造了良好的条件；而经济不发达的地区自然不可能投入很多资金，许多高校仍存在场地、器材不足的问题，这是我国经济发展不平衡的现实。另外，地域、气候、风俗、营养环境等因素的影响也使得我国不同地区学生的体质水平与健康状况存在明显的差异。因此，体育教师应正确面对我国高校体育硬件建设的地区差异和学生的体质、健康水平参差不齐的现实，根据当地高校体育设备的条件及学生体质健康的特点，因地制宜地开展好体育教育工作，这应是当代体育教师应有的教育理念。

（三）体育锻炼与养护相结合的理念

增强学生体质是学校体育教学的根本任务，但影响学生体质的因素是多方面的。有关研究表明，体育锻炼对增强学生体质的影响仅占 1/3，遗传的影响占 1/3，营养和习惯等的影响占 1/3。可见，身体健康除了受体育锻炼的积极影响外，环境、卫生和生活方式等方面也对其产生了较大的影响。有些人虽然经常锻炼身体、讲究卫生、注意营养，但不注意健康的生活方式，不注意劳逸结合，同样会引起疾病。锻炼是增进健康的积极因素之一，而不是唯一因素。因此，体育教师应加强对学生健康意识的培养，树立体育锻炼与养护相结合的教育理念，在促进学生进行体育锻炼的同时，加强对学生的健康教育，提高学生卫生保健的意识和能力，从而促进学生健康成长。

（四）尊重学生的个体差异和自主发展的体育教学评价理念

人类的个体差异是正常且普遍存在的现象，教育作为研究和促进人类身心发展的社会活动，首先应该承认、接受、尊重和研究人与人之间的这些差异，在此基础上科学有效地根据个体差异进行教育，挖掘每个学生的潜能。现代教育不仅要重视学生的个体差异，还要在此基础上尊重学生的自主发展。教学评价是教学过程中不可或缺的基本环节，心理学实验表明，对学生学业成绩的不同评价会引起学生不同的情感反应：学生良好的情感反应会成为其学习的动力；学生不良的情感反应会导致其智力活动受挫，造成学习困难。因此，尊重学生的个体差异和自主发展，树立促进学生发展的、科学的体育教学评价理念是当代体育教师的职责所在。要建立促进学生发展的评价体系，评价不仅要关注学生的学业成绩，而且要发现和发展学生多方面的潜能，了解学生发展的需求，帮助学生认识自我、建立自信，发挥评价的教育功能，促进学生在原有水平上的发展。因此，体育教师应注意评价方法的多样化，不把运动成绩作为唯一的评价手段，改变那种只顾结果不顾过程、只顾目的不顾手段的评价思路，积极倡导动态的、过程的评价（关注被评价者为达到目的所采用的方法和途径），关注被评价者在达到目的的过程中获得了哪些经历和体验；关注被评价者在达到目的的过程中有了怎样的进步，重视过程性的评价方法，重视对反映学生体育学习情况的定性资料的收集；采用开放式的质性评价方法，如行为观察、情境测验、学习日记或成长记录等，关注学生体育学习、身心发展的过程；将形成性评价与终结性评价有机地结合起来，重视评价学生进步的情况。

（五）面向全体学生的理念

教育应是使人们增长知识、掌握技能和增进身心健康的活动，但是对各种原因导致学习成绩比较落后的学生来说，教育活动不但没有充分地使其增长知识、掌握技能，而且使他们在不同程度上受到了直接或间接的忽视，影响了这部分学生的身心健康，也违背了教育活动的初衷。教师对学生形成怎样的期望，学生就会朝着教师所期望的方向发展，高期望朝着高成就的方向发展，低期望朝着低成就的方向发展。因此教师应以博大胸怀平等地对待每个学生，对每个学生都怀着真挚、浑厚的教育之爱，真诚地欣赏、赞美每个学生，树立面向全体学生的理念。这样才有利于促进学生的全面发展。

（六）培养和促进学生的创新精神

知识经济时代，创造知识、应用知识的能力和效率将成为影响一个国家综合国力和国际竞争能力的决定性因素。人的创造力开发到什么程度，社会就会进步到什么程度，因此，各国都非常重视对创造性人才的培养。创造性人才的培养不仅是时代的呼唤，也是国家发展的重要动力。创造性人才最大的特点是具有创新精神和创新能力。高校学生正处于培养创新精神和创新能力的关键时期。但由于受传统教育理念的影响，很多高校的教学方法单一守旧，教学活动枯燥乏味，练习考试追求唯一的正确答案，这些做法严重影响和束缚了学生的活力，学生的很多创造性精神和思维的火花在课堂上被教师消灭在萌芽状态。时代的发展要靠创造性人才，创造性人才的培养要靠教师，而教师要培养具有高素质的创造性人才，首先要具有培养创造性人才的教育理念。体育教师要充分利用体育教育活动在形式、内容、方法等方面的特殊性来培养和发展学生的创新意识和创新能力。

（七）注重学生的可持续发展

随着信息时代的到来，知识正以前所未有的速度不断更新，新的知识不断涌现，旧的知识不断被淘汰。教师传统的传道、授业、解惑的角色已不能适应时代的要求，教师应该迅速地由原来知识的灌输者和传递者转变为学生学习的促进者、合作者和学生人格发展的指导者。教育的重点已经不在于教会学生多少知识，而在于教会学生如何学习，教他们如何根据自己的需要去获得信息、选择信息和应用信息，培养他们终身学习的意识和自主获取知识、发现问题和解决问题的能力。今天的教育不但要让学生学会学习，而且要使他们学会如何进行自我教育和持续发展，还要把这种学习和自我教育的能力持续到高校教育之后，贯穿他们的一生。现代高校体育教学面对的最大问题是多数学生离开学校后，与学校体育教学的内容揖别，很多运动技术、方法在学生的体育生涯中仅是匆匆过客，没有影响学生的一生。究其原因主要有二：一是所学内容繁杂而不实用，二是学校体育教育忽视对学生体育兴趣和习惯的培养。高校体育教师应关注学生的可持续发展，高校体育应从强调学校学习期间的效益跃升为追求长远效益和阶段效益的结合，教会学生实用有效的锻炼方法，重视对学生学习兴趣的培养和锻炼习惯的养成。

第二节 "健康第一"理念下的高校体育教学改革研究

一、"健康第一"教学理念概述

（一）"健康第一"的教育特点

"健康第一"教学理念内涵丰富，其在体育教学实践中表现出以下特点。

1. 强调身体健康是健康的基础

"健康第一"，其中所提到的"健康"是全面的健康，是包括身体健康、社会健康、生殖健康等在内的多维健康，健康的基础是身体健康。健康的体魄是人类发展的基本标志。[①] 教育应首先关注健康教育。

2. 强调多元健康发展的素质教育

"健康第一"作为现阶段的重要的先进教育理念，强调体育教育应重视学生的健康发展，指出学校教育教学的首要目标是促进学生的健康成长，学生的身心健康比卷面分数、升学率更为重要。

3. 强调健康教育的全面性

（1）学生身体健康教育

在"健康第一"教学理念指导下，高校体育教学应时刻关注学生各方面健康的综合发展，通过体育教学，关注和促进学生的身体健康发展，也促进学生的社会性的发展，为学生奠定良好的身体基础、心理基础，并能在走出校园、走进社会之后能有良好的身心健康状态和水平应对生活、工作、再教育中的各种挑战。

（2）学生社会性发展教育

体育是一种独特的教育形式，学校体育教育可促进学生的社会性良好发展，应该在教学中有意识地培养学生的人际关系建立、竞争与合作的能力。

因此，高校在体育教学活动开展中，应深入挖掘体育的教育价值，在体育教学实践中充分贯彻"健康第一"的教学理念，切实促进学生身心健康、全面发展。

（二）"健康第一"理念的目标解读

近些年来，"健康第一"理念在体育教学内容安排、教学方法选择、教学评价标准确定等方面得到了进一步的贯彻与落实。目前，我国学校体育的教学理念是"健身育人"。高校只有将"健身"与"育人"结合起来才能凸显学校体育的教育本质，才能使学校体育与其他课程一起系统地、全面地实现学校教育"健康第一"的目标。

---

① 高鹏．从科学发展观谈学校体育教育"三大理念"的内涵［J］．科技信息，2009（34）：259，263.

现阶段，社会的进步在给人类带来便捷的同时也改变了人类以往的生活方式，大量的"文明病"不断侵害着人们的健康。科技的发展改变了人们的生活方式，在体力劳动大大减少和饮食质量提高的基础上，包括学生群体在内的许多人进行的体力活动越来越少，身体机能逐渐衰退，加上在日常生活中过多地摄入动物脂肪、高蛋白和糖类，肥胖、冠心病、高血脂等现代文明病多发。因此，重视对学生的体育教学、改善学生体质是一个重要的社会课题。高校应将"健康第一"作为体育教学理念，将"寻求健康和享受"作为体育教学改革的目标。

1. 落实健康标准

对健康标准的相关要求进行落实，适当地调整体育教学内容，向学生大力普及科学合理的锻炼知识，实现学生身心健康的目标，促进学生终身健康意识的强化与行为的升华。同时，体育教学应该依据新的学生体质健康测试标准，根据本地区气候、资源以及学校自身教学特点来进行较大程度的调整，允许学生根据自己的爱好和特点自由选择体育项目，使他们参与到自己真正感兴趣的活动中，从而熟练掌握适合自己的健身方法。学校不应一味地关注学生是否在各项目中达标，而应加强对学生终身锻炼意识和习惯的培养。

2. 进一步完善体育与健康教育体系

体育本身就包含着相当广泛的知识面和文化底蕴。教师在体育教学中应该渗透体育人文学、运动人体学、健康教育学等内容，使体育锻炼富有科学性和人文性，加强体育课对学生的教育意义和提高学生对体育课的兴趣。

3. 贯彻"健康第一"的指导思想

当前知识的更新和边缘学科的发展状况是史无前例的，而且社会各方面都存在着异常激烈的竞争，在这一时代背景下，学生仅仅依靠强壮的身体、优良的体质、丰富的知识是难以立足社会的。"健康第一"的指导思想对学校体育教育和人才培养提出了更高的要求，即要求学校培养身体健康、心理稳定、拼搏竞争、团结协作的新型人才及全面型人才。学校体育教育应重视这一使命与任务，把体育教育的理念从"增强体质"转移到"健康第一"中来。

4. 体育教育要服务于学生体质健康目标

三维健康观中，历来备受关注的是体质健康，贯彻"健康第一"指导思想要求学校将体育与健康教育的目标制定为是增进学生的身心健康、增强体质、培养全面发展的合格人才。运动技术是学生参与体育锻炼的重要手段和途径，在掌握运动技术的基础上，学生还要掌握体育与保健方面的知识，养成积极健康的体育锻炼习惯。

（三）"健康第一"教育理念对体育教学的意义

依据"健康第一"的教育理念，学校体育教育教学的重点发生了根本性变化，逐渐从单纯的技能传授、重视学生体育技能发展向促进学生身心健康发展和社会能力的提高方面转变，对于现阶段社会发展对综合素质人才的要求和学生日后的健康需求，全面、可持续发展观念具有非常重要的指导和帮助作用，从而使体育教育促进健康的本质功能得到充分体现。

1. 进一步明确体育教学目标

现代体育教学"健康第一"的教学指导理念对促进学校体育目标多样性、多层次的建构提出了新的要求。实际上，我国学者已经认识到，技术教育和体制教育并不能完全作为学校体育实践的重心，应该把重心从单纯地追求学生的外在技能水平向追求学生的全面协调发展转移。这些都说明我国在学校体育教学改革中更加注重学校体育教学目标的人文倾向。

2. 促进体育课程体系的调整

课程体系改革是体育教学改革一个非常重要的方面。课程体系改革可以使教学内容更加丰富多样，能更好地满足社会发展与学生进步的多方面需求。但是，在体育教学实践过程中，在设置相应的教学课程时，学校所采取的措施还存在很多不足之处。

在"健康第一"科学体育教育教学理念的指导下，很多体育教学中的问题都得到了很好的改善。在设置相应的体育教学课程时，学校开始考虑学生身心各方面发展的需求，在课程中逐渐将学生作为主体。学校在进行教学内容和课程体系设计时更加注重学生的个性和性别特点；同时，开始根据学生的身体素质水平来提供丰富多彩的体育教学内容供学生进行选择。在体育教学过程中，体育教师更加注重学生的身心发展规律，通过多方面的努力来提高学生的学习兴趣和学习积极性，使得体育教学在增强学生身心健康发展方面取得了较好的效果。

3. 促进体育教学方法的优化

体育教学方法是促进体育教学过程顺利开展的重要因素。在"健康第一"理念的影响下，在体育教学过程中，高校通过多种形式的改革不断改进教学的手段，逐渐实现体育教学提高学生参与体育运动的积极性和主动性的目标，能够使学生从主观上重视体育对健康的促进作用。在体育教学过程中，学生应该得到更加全面的发展，这需要体育教师对学生的素质教育高度重视。

在体育教学实践中，教师通过不断创造和探索生动有趣的教学方法，使学生真正体会到体育运动的快乐，形成终身体育思想。学校要对原有体育教学课程内容进行改革，不断完善运动场馆和运动设施。运动场馆和运动设施是体育教学必备条件。体育运动场馆和运动设施的优化，不仅能够使学生更好地进行体育运动，还能够使教师深入理解体育运动促进体质健康的重要性，并将该理念落实到体育教学实践中去。

4. 建立与完善教学评价体系

在"健康第一"理念的影响下，体育教学的评价应该以学生的体质增强、身心健康发展为重要评价指标。随着我国体育教学评价体系的逐渐发展和完善，新的评价体系不仅注重对学生进行全方位的评价，还注重对教师教学效果进行评价。在教学过程中，评价者注重"区别对待"的原则，针对教师和学生的不同情况进行相应的评价。

在评价学生的学习效果时，教师逐步重视对多方面的教学效果进行量化分析，并且将定性评价和定量评价相结合，大大提高了体育教学评价的科学性，这对于学生认识自身的不足及其获得学习的动力起到了良好的促进作用。

在评价学生的学习过程时，评价者不能局限于对学生技术技能的掌握情况进行评价，还应更加注重对学生创新能力、学习态度、意志品质等方面进行综合评价。学校在构建相应的评价体系时，不仅要注重科学性和可操作性，更要注重在评价过程中体现出多方面的人文关怀。在每堂课完成后，体育教师都要及时回忆每一个学生的出勤情况和所有隐性情感的表现，并做出较为客观的记录和评价；要善于通过学生在学习过程中的表现来考查学生情感态度的变化和进步程度，以保证学习效果评价的合理化和科学化。

二、"健康第一"理念下高校体育教学中存在的问题

（一）重"技能学习"，轻"理论学习"

当前的高校体育课堂普遍以增强学生体质、传授专项技术技能为主要教学目标，在形式上难免片面地专注于体质锻炼和专项技术技能学习，而忽视了对体育健身理论知识的传授，这往往造成学生对所学技术技能知其然，而不知其所以然。如果实践离开了理论的支撑与引导，则很容易流于形式、浮于表层，非常不利于学生对体育健身知识的学习及课下自发参与体育运动。例如，在讲授某一个技术动作时，体育教师若只是按部就班地讲解示范动作细节，而不告诉学生这个动作的力学、生物学原理，学生很难对这个动作有深层次的理解。同时，一些关于健康与健身的基础理论知识，对于大部分学生而言，是很重要的启发与引导，除了在体育课堂上，他们平时很少有机会学到这些理论知识。

（二）重"教师主导"，轻"学生主体"

对于"教师主导，学生主体"这一体育教学的基本原则，体育教师早已耳熟能详，但要在教学实践中做到这一点实属不易。传统体育课堂的"主角"一直是教师，从教学目标的制定到课堂组织教法的设计，教师始终在主导课堂，这本无可厚非，但如果忽视了学生课堂主体的地位，就会出现被动学习氛围浓郁、学生参与感过低、学习的积极性难以提高等种种问题，这些都会严重制约体育教学的顺利与高效实施，学生的学习效率也会大打折扣。

（三）教学内容单一，缺少健康元素

目前，高校体育教学内容主要为篮球、排球、田径等传统体育项目，教学内容单一、枯燥。教师在教学内容的选择上，有很大的片面性，学生更是受到局限，无法根据自己的兴趣爱好对体育课程进行选择。在体育教学过程中，仍旧是"我教你学，我说你记"，缺乏针对性、缺乏互动性，教学内容以理论教学与技巧教学为主，缺乏对健康体育价值观的培养，不符合学生的个性化体育发展要求。高校学生缺乏对体育教育内涵的认知，缺乏对体育事业的热情，体育教学效果不明显。

三、"健康第一"理念下高校体育教学改革创新的措施

（一）树立健康教育发展的思想理念

思想引领行动，理念指导实践活动。思想理念是人们从事实践活动的灵魂，是保障实践目标和效果的根本因素之一。高校体育教学要做到真正为学生全面发展服务，真正让学生得到更好的锻炼和提升，必须做到以下几点：

（1）牢牢把握体育的本质精神，树立起健康教育理念的大旗，以健康教育理念来指导教学，并深入研究教学实际，认真发现教学中存在的问题。

（2）将教学目标设定、教学组织形式、教学模式选择、教学方法选取等环节与健康教育理念相比对，深入贯彻落实健康教育理念，全面指导体育教学改革。

（3）找出存在的问题，不断优化教学方法和手段，应用各种体现新型教育理念的教学模式，广泛开展各种基于健康发展的教育实践活动，让学生真正爱上体育、享受体育，从体育

学习和锻炼中获得更多的收获。

（4）坚持以人为本的教育和服务理念，真正以学生为主体，以学生发展为根本，以促进学生健康成长为目标，从事教学实践，积极进行教学改革和创新。

（5）从课程设置与选择到教学目标制定和实践，都为社会需求和学生终身发展考虑，真正践行健康教育发展的思想理念，做好教学改革和创新。

（二）明确体育健康教学目标，促进学生身心全面发展

以"健康第一"理念引领的高校体育教学改革，要明确"健康第一"理念对高校体育教学价值的提升作用。高校体育教学作为高校培养全面综合人才的重要机制和平台，要承担起培养学生全面发展的职责。高校体育教学不仅为学生提供了体育活动教学，还通过体育教学来深化体育的教育功能和价值，以体育教学作为开展相关体育实践的基础，从而为学生以后的社会性实践打下坚实的物质基础和精神基础，提高学生社会适应能力。对高校人才培养而言，高校体育教学应当作为人才培养的重要环节，以学生健康作为开展体育实践的目标，能够引导学生在身体和心智方面的发展，充分利用体育实践来不断提升学生的体育实践素养，从而建立学生的终身体育意识和习惯，不断强化健康体育对学生人生发展的重要作用。高校以"健康第一"理念推进体育教学改革，其目标就是实现体育教学"以人为本"的教育价值，将体育健康知识、体育实践能力和体育素质教育融入高校体育教学，不断深化高校体育教学的育人本质。高校传统的体育教学割裂了体育教学和体育实践、学生发展和体育教育之间的联系，高校要以"健康第一"理念重塑体育教学和体育教育的价值，改变落后的体育教学方式，以全新的"以人为本"的健康教育发展的思想理念重构体育教学内容，从而为学生的全面发展提供更加科学化的体育教学内容和人才培养标准。

"健康第一"理念下的高校体育教学应当以体育教学内容作为学生体育实践的起点，引导学生在更加社会化的体育教学和体育实践中获得更加全面的发展，要促使学生积极行动起来。同时，高校要在体育教学中增加创新性和社会性的教学内容，引导学生在体育实践中获得社会化体育实践上的锻炼。例如，在体育教学实践中，高校以行业需求来制定相应的体育实践标准，引导学生在体育学习及体育实践中不断以较高体能要求和素质要求提升自己的体育实践能力。同时，学生在特色化、行业化、社会化的体育实践中能够获得相应的体育素养的培养和锻炼，提升自身的体育实践创新能力和协作能力，从而提升自己的体育综合发展素养。"健康第一"理念下的高校体育教学实际上是以健康为先，对学生体育教学发展进行系统管理，那么高校体育教学改革就务必使学生在体育教学中获得更加科学化的发展指导。高校体育教学要公平地、全面地覆盖学生，建立学生健康发展数据库，以科学化的学生健康标准引导高校体育教学内容的改革和创新。高校体育教学作为高校开展素质教育的重要一环，深化体育教学的教育价值，培养学生更加个性化、社会化的体育实践能力。高校以"健康第一"理念引导体育教学改革创新，要将体育教学发展规律同学生发展需求、社会对人才的发展要求紧密联系起来，实现高校体育教学的科学性、前瞻性，在引导学生全面发展的同时，也促进高校体育教育的现代化发展。"健康第一"理念应用于高校体育教学，既是对高校体育教学的创新改革，推动了高校体育教学更加适应社会和学生的发展要求，又是对高校学生培养方式的一个创新。未来人才的培养一定是身心全面发展的综合型人才，那么高校体育教学必须承担起提升学生身心素质的责任，以更加科学化的健康体育教学推动学生的全面发展。

（三）改革创新教学内容，实现体育教学内容的生活化

高校在体育教学中要充分展现"健康第一"的理念，就要秉承着学生在体育教学中能够获得终身受益体育价值的原则，以引导学生的身心健康发展作为高校体育教学内容的重点；同时要将"健康第一"作为高校科学化体育教学的方针，建立更加全面和具有创新性的理论与实践相结合的新型体育教学，根据学生的发展规律建立完善的高校体育教学制度。

"健康第一"理念下的高校体育教学，核心内容在于实现学生终身体育与现代健康发展理念的结合，将时代发展对体育和学生的发展要求同学生的学习、发展规律统一起来，实现高校体育教学价值的扩展，在丰富学生体育实践方式的同时，进一步深化高校体育教学对学生全面发展的作用。高校要将"健康第一"理念落实到教学内容中，还要强调对学生身体素质发展的要求，为此高校在体育教学中应当将学生的实际体育锻炼和实践应用放在重要位置。高校体育教学和相关体育实践可以根据学生不同的身体素质和体育实践要求，建立个性化的体育教学和锻炼方案，以满足学生不同的体育发展要求。高校在体育教学实践中可以将地域体育活动同高校体育理论教学联系起来，引导学生积极参与更加科学化的、具有趣味性的体育实践，这样高校在促进学生参与体育活动的同时，实现了对地域体育文化的传播。将健康理念渗入高校体育教学中，应当既包含对学生身体锻炼的要求，又体现对学生心理锻炼的教育和引导。高校体育教学对学生的心理锻炼应当符合学生的发展需求，并且是带有积极的社会化实践的体育教学活动，引导学生在社会化体育实践中获得由身到心的锻炼和发展，让学生在提升自身身体素质的同时，实现体育锻炼对自身发展的作用。

"健康第一"理念下的高校体育教学内容的创新，不是为了实现对原有的高校体育教学内容的全盘改变，而是为了将健康概念融入高校体育教学，使高校体育教学更加符合学生的发展要求及高校体育发展的要求，从而真正实现高校体育教学对学生全面发展的价值。高校的体育教学在开展过程中，向学生传授的体育方面的知识和技能，也需要跟得上时代的发展，符合社会和时代发展的要求，尤其要把"健康第一"的体育教学理念贯穿到高校的体育教学过程中，这就需要对现有的体育教学内容进行整合优化和调整创新，以更好地激发学生参与体育活动的兴趣，达到提高体育教学工作的目的，进而提高学生的运动乐趣。比如，可以更多地增加一些现代类的、学生平时喜欢的体育运动项目，如轮滑、动感单车、新式的健美操运动等，以不断丰富体育教学的内容，为培养学生的体育锻炼习惯打下基础。需要说明的是，并不是只有那些传统的球类运动或者田径类的运动才能起到锻炼学生身体的作用，现代很多体育运动项目都具有此功能。应该适当地将其纳入高校的体育教学内容，这样高校学生就可以根据自己的兴趣爱好来选择不同的体育运动方式，并能够积极主动地参与到体育锻炼中。

此外，高校要实现体育教学内容的生活化，不断拓展学生体育锻炼和体育实践的场地，让体育锻炼成为学生的一种生活习惯。高校在体育教学中要向学生传授更多的运动技能，让学生体会到健康运动的乐趣，引导学生主动参与体育活动。高校体育教学除了要向学生传授相关的体育运动技术和体育方法之外，还要以科学化的运动理论指导学生的体育实践，这样既保证学生在体育锻炼和实践中的合理性和健康性，又能够引导学生根据自己的身体锻炼需求，制订个性化的体育锻炼方案，还可以及时掌握学生的身体状况，从而为学生提供更加科学化的指导。

（四）创新教学方法，优化教学组织模式

健康教育理念下的高校体育教学改革，在具体实践中需要不断改进教学方法，创新教学手段，优化教学组织形式，让学生能够在实践中真正得到有效教育和指导，将健康教育理念转变成自身的健康行动和效果。高校体育教学应改变传统的以运动技术和技能提升为中心的教学体制，注重培养学生的体育兴趣、自主学习能力、自我体育发展能力。掌握运动技术和技能能够让学生更好地参与体育锻炼，能够让学生在锻炼中符合一定的规则，能够让学生与更多的人合作，让运动更有趣，但这不是体育教学的根本目的。让学生爱上体育运动，积极主动参与体育运动并从中得到更多乐趣，在运动实践中培养积极乐观、健康阳光的心理品质，这才是体育教育最根本的目的。为此，在"健康第一"的教学理念下，高校在体育教学过程中，要采用更加多样化的教学方法，以提高学生的学习兴趣，降低学生学习的难度。比如，在讲解一些难度比较大的体育动作时，教师可以采用多媒体的教学方法，在观看整体的动作之后，通过慢镜头的回放，让学生对较难的体育动作有个简单的认识和理解，然后做示范，进行较为详细的讲解，以方便学生理解和记忆。再如，在学习排球的课程时，教师也可以利用多媒体教学，让学生观看一些我国女排夺冠的精彩片段，以激发学生的学习欲望，让学生对排球运动产生更多的认同，以方便后面的学习。另外，如小组合作学习的教学方式、分层教学的方式、情境教学的方式、启发式教学方式等，都是可以采用的。一般情况下，在课堂中对学生进行体育教学时，教师不会单纯地使用一种教学方法，而是多种教学方法的结合，根据实际的课程教学内容，对现有的体育教学方法进行针对性的变革与创新，选用合适的体育教学方法，以充分调动学生的体育学习兴趣，培养学生的健康体育意识，实现对学生身心健康素质的提升。

（五）创新优化教学评价体系

高校构建以"健康第一"理念为指导的体育教学创新体系，在落实相应的体育教学时，应当重视对体育教学的有效评价，从而以更精准的评价数据引导高校体育教学的创新发展。"健康第一"理念指导下的高校体育教学评价，能够更科学化地评测体育教学与高校素质教育之间的契合度，从而推动高校体育教学的发展，实现体育教学的育人价值。

高校体育教学评价体系的目的主要是促进学生对体育知识理论的学习、检验体育教学效果，从而实现高校体育教学质量的提升、落实高校育人目的。高校体育教学评价体系的内容也主要集中在对学生体育基础知识、身体素质、运动技能和学习态度的考核上。高校体育教学评价体系的初衷是确保学生在高校体育教学中的体育学习和体育发展，但是在具体操作中，高校仍然无法充分发挥体育教学评价体系的作用，究其原因主要有以下三点：第一，高校体育教学评价体系过于理论化，无法与高校体育教学实践完美结合。高校体育教学评价体系在理论上明确了高校体育教学评价的作用，它可以指导高校主动发现体育教学中的问题，不断优化体育教学内容，确保学生的体育学习质量和体育实践质量。但是在具体的高校体育教学评价中，大多高校仍将体育教学效果置于学生的体能考核中，也就是说，高校对体育教学的评价依然是考核学生的身体素质发展状况，而没有在学生教育、体育实践的社会化等方面实现对体育教学和学生发展的有效指导。第二，高校体育教学评价体系没有做到应用的合理性，导致评价目标难以实现。高校体育教学评价要根据高校体育教学的实际状况和发展目标找出体育教学中的核心部分，而不是实现对高校体育教学评价的面面俱到，同时体育教学

评价，应当着重关注体育教学的人文教育和体育健康实践部分，这也是引导学校深入开展体育学习和实践的关键。第三，评价方法不够科学。高校体育教学评价体系应当以体育学、心理学、教育学、社会学等学科知识理论为依托，深入考核高校体育教学的育人价值，以学生的全面发展作为高校体育教学开展的方向，确保高校体育教学的评价能够有效反映学生体育学习现状和发展需求。

以"健康第一"理念作为高校体育教学评价的指导原则，高校应当建立起更加科学化的健康体育思想，将学生的身心健康发展作为高校体育教学工作和体育教学评价的核心，以此来确保高校体育教学的素质教育功能。在素质教育观的引导下，高校体育教学评价更加趋于对体育教育价值的考核，同时推进了高校体育教学对学生发展的影响，培养学生终身体育意识，促进学生的终身健康发展。传统高校体育教学强调对学生身体素质的锻炼，这对学生的发展评价和指导是片面的。"健康第一"理念下的高校体育教学和教学评价重视对学生身心体育实践的统一，实现高校体育教学对学生身体教育和心理教育的整合，这既符合当前社会对人才的发展要求，又进一步落实了"健康第一"理念对学生全面发展的作用。高校应当建立完善的"健康第一"理念下的体育教学评价体系，深化高校体育教学的健康教育和育人特性，以学生的身心全面发展作为评价高校体育教学效果的重要标准，最终达到培养学生综合体育健康能力的目的。

（六）加强体育运动技能教学创新，引导学生熟练掌握运动技能要领

在"健康第一"体育教学理念下，教师应注重引导学生熟练掌握及运用相关的体育运动技能。为了进一步提高学生体育运动技能学习的效果，教师可以加强高校体育运动技能教学模式创新，如可以在体育教学中引入"体育运动教育模式"。该教育模式与传统体育教育模式相比，更加注重对学生体育运动技能的实践培养，主张凸显体育运动教学内容的"趣味性"，一方面，注重吸引学生主动参与；另一方面，注重学生能够通过运动竞技的方式真正参与到体育运动技能训练中，因此更有利于学生对体育运动技能的掌握。在具体实践方面，教师应注重做到以下几点。

第一，提高对课堂常规构建的重视。课堂常规内容的构建要求教师先了解高校学生所在班级的基本情况，如男女性别比例、学生对体育学习兴趣的个体差异、是否有特殊学生等。在此基础上，教师还应向学生介绍运动体育教学模式的特点，端正学生的学习行为态度，师生共同营造出适合运动体育教学的氛围。

第二，科学合理地分组。这是开展运动技能教学的关键，其原因在于，运动体育教学模式，需要教师开展体育竞赛活动，以便锻炼学生的运动技能。因此，体育教师需要提前做好分组工作，可采用异质分组的方式，根据学生的体育能力、性别、性格差异等合理分组，分组后允许学生在以均衡分组为原则的基础上，进行适当调整，为后续的运动竞赛做好充足的准备。

第三，合理控制竞赛激烈程度。在体育运动技能教学中，教师设置"赛季""竞赛"机制，目的是激发学生的运动动力，为学生创设一个真实的运动实践情境，有效培养学生的运动技能，但这也容易导致学生出现运动损伤。因此，高校体育教师应根据学生的身体状况、心理特点、运动水平等，合理控制竞赛激烈程度，以免学生在竞赛中受到伤害。

（七）强化体育教师队伍建设

在高校的体育教学改革过程中，体育教师的作用是绝对不能忽视的。所以，高校要不断

加强对高校体育教师队伍的建设，建立一支适应现代教育发展的强大的师资队伍，以更好地对学生进行体育教学工作。从高校方面来说，高校要为教师提供学习和再提高的机会。比如，在具体的实践中，可以开展一些关于现代体育教学的讲座，让全体教师都有机会学习到更加先进的体育教学理念和体育教学技术，使教师更好地胜任体育教学工作。从体育教师方面来说，体育教师也要积极提升自己，对于一些现代的教育方法要多多关注，对于一些国际上的、前沿的体育教学技术要积极地学习，因为这不仅是为了提升自身体育教学能力，更是为了能够更好地适应现代教育的发展和更好地胜任自己的工作。这样教师在进行体育教学时，就可以把更加新颖的体育教学方式用到教学中，以提高高校学生对体育学习的兴趣和积极性，这是有利于学生体育意识和健康意识的培养的。

第三节　"终身体育"理念下的高校体育教学改革研究

一、终身体育概述

(一) 终身体育的内涵

终身体育从概念上理解是指一个人终身进行体育锻炼并接受体育教育。具体来讲，终身体育包括两个方面的内容：一是指人通过对终身体育锻炼的正确理解和认识，形成内在需求及强烈的锻炼意识，从而自愿进行体育锻炼，并逐步形成一种终身体育锻炼的思想；二是指人在整个生命过程中坚持长期进行体育锻炼的行为。人的一生需要经历不同的时期，而每个时期都要面对不同的环境，人在理解和认识环境的基础上克服其他制约因素，实现终身体育锻炼。从时间上来说，终身体育贯穿整个人生；从活动内容上来说，运动的项目并非一成不变，人可依据自己的爱好灵活选择；从人员上来说，终身体育针对全体公民，尤其是青少年；从教育上来说，"终身体育"提升公民的整体素质，使国家更加繁荣富强。笔者认为，终身体育的最终目的是人们自愿坚持体育锻炼，使身心健康得到发展。

终身体育健康发展的根本源自人们正确的体育价值观，源自体育习惯的培养。一个人在意识的推动下一旦养成运动习惯，便具有了运动的内在动力。从对终身体育的认识误区来看，部分学校针对终身体育推出了体育艺术"项目"，以学生对某个体育项目的掌握来培养学生终身体育意识。其理念是好的，但受学校硬件条件和师资力量等方面的制约，项目比较固定，基本以学校的设定为准。在情感体验方面，学生不能充分依据自己的兴趣、爱好进行选择；在教学方面，高校体育仍然以学生对技能的掌握为主。这种模式不仅不能激发学生的兴趣，还会引发学生的不满情绪，使学生在大环境下不得不迫使自己去练习，待考试或考核结束后马上停止练习，至于习惯的养成就更不用说了。终身体育运动具有很强的个性特征，具体涉及身体基本活动能力、运动能力、自我锻炼能力、自我评价能力、适应能力等。在实际教学中，教师应更多地注重对学生体育理论知识、情感体验、运动操作三方面的培养，使学生掌握终身进行体育锻炼的能力和本领，乐于学习体育。体育运动以它独特的魅力融入社会的每个角落，并随着社会的发展，在功能上不断拓展和延伸，为人类更健康、更和谐地生活保驾护航。此外，一个国家全体国民的身体素质影响和决定着这个国家现在乃至未来的发展。身体素质是全体国民素质的基础。所以，要想提高全体国民素质，先要从国民体质入手，即从终身体育锻炼入手，从学校体育入手。

（二）终身体育的阶段性和具体内容

终身体育按人成长的顺序和接受教育环境的不同分为三个阶段：学前体育、学校体育和社会体育。学前体育主要是儿童在家庭影响和家长帮助下进行的一些简单活动，教育的任务是保育和培育；学校体育是学校和体育教师对学生进行的全面、系统、有目的的教育，教育的任务是全面发展学生的身体素质；社会体育主要是由社会、单位或家庭组织的体育活动及个人的体育活动，教育的任务是运用科学的锻炼方法强身健体。终身体育内容分布见表3-1。

表3-1 终身体育内容分布

年龄阶段	教育任务	受教育者	教育环境	知识范围
出生前	胎教	父母	母体内	遗传、优生、孕妇须知
0～2岁	培育	父母、婴儿	婴儿室、家庭	育儿知识
3～6岁	培育、保育	父母、保育员、幼儿	幼儿园、家庭	幼儿保育知识
7～12岁	锻炼发育	父母、保育员、幼儿	小学、家庭	小学体育知识
13～17岁	锻炼发育	教师、学生	中学	中学体育知识
18～25岁	锻炼保护	教师、学生、青年人	大学、社会	大学体育知识
26～60岁	锻炼养护	社会体育工作者、成年人	家庭、社会	健身体育知识
60岁以后	养护	社会体育工作者、老年人	家庭	保健体育知识

（三）终身体育的特征

1. 连贯性

从时间上看，"终身体育"理念强调体育教育和体育学习的连贯性。体育教育是伴随人一生的终身教育，是人健康快乐生活的重要组成部分。"终身体育"理念不局限于学生在校期间的教育活动，更重要的是通过体育教育来培养学生终身体育的能力，使学生掌握体育锻炼的方法，从而终身受益。终身体育的核心在于使体育教育贯穿人的一生，强调体育锻炼的连贯性。因此，体育教师要改变"受到一定学校体育教育之后，所学的体育知识、技术和技能可以受用一生"的传统观念，要以连贯发展、与时俱进的发展观念来看待体育这种文化现象。

2. 整合性

现代社会健身的需要已不局限于某个个体，而是推广和上升到了整个社会，不仅提高了社会生产力，而且保证了人体健康，维持了人的正常活动。因此，无论是从人的发展还是从社会的发展来看，终身体育的参与对国民素质的提升都起着重要作用。全民健身的指导思想可视为"终身体育"理念的扩充和完善。只有具有终身体育锻炼的意识，养成终身体育锻炼的习惯，才能实现真正意义上的全民健身。从空间上看，终身体育是家庭、学校和社会在空间上的整合，现代社会使体育走出学校、贴近人们生活，密切联系家庭和社会，终身体育要将它们充分整合，形成良性互动。

3. 过程性

终身体育强调的是人的体育习惯的形成，把体育锻炼的过程看作生活中的一部分，在生活中自然而然地进行体育锻炼，而不是强调体育技能的灌输。教师在体育教学过程中应尽量把竞争减到最低限度，使每个学生都能发挥其兴趣、爱好，合理运用体育知识进行科学的体育锻炼，把体育和生活紧密联系起来；还要强调体育对人生的影响，通过多种形式潜移默化地影响学生的体育锻炼意识，使学生不但进行体育运动，而且注重体育学习的过程，学生在这个过程中学会体育，培养体育锻炼的能力。终身体育强调自我完善和学习的过程，而不过分强调结果。

4. 生活性

如今，文明健康的体育运动方式受到越来越多人的青睐，它以自身的特点使体育运动成为人们生活的内在需要，也为社会造就了一种科学、健康、文明的生活方式。"终身体育"理念的教育，让体育更多地贴近现实生活，让体育与学生的内心互通。以体育与人一生的密切联系为基调，这不仅可以有效调动学生学习体育的积极性，而且可以更有效地帮助他们养成体育锻炼的习惯，让学生在掌握体育技术的同时体会运动的乐趣，促进其体育意识和体育行为的发展。终身体育在给人们身心带来健康的同时，更将那些不健康的娱乐方式遏制在人们的生活之外。

二、"终身体育"理念下高校体育教学存在的主要问题

(一) 学生对体育运动缺乏热情

高校学生是高校体育教学的主体，在"终身体育"理念下，高校体育教学应充分重视对学生学习兴趣和体育运动习惯的培养。在现有的教育机制下，许多学生对体育运动缺乏热情，在步入大学后，许多学生摒弃了高中阶段良好的作息习惯，在体育运动方面的积极性明显不足。受到外部环境的影响，许多高校学生的作息时间不规律，将大量时间用于休闲和娱乐，各种类型的聚会层出不穷；部分学生则整天待在宿舍里，不愿出门，参加体育运动的时间十分有限。许多学生并没有意识到身体素质对个人成长的积极作用，在学习体育知识的过程中，将体育视为累赘，没有真正感受到体育独特的魅力与价值。面对教师安排的体育运动，许多学生以敷衍了事的态度完成训练，没有真正投入体育课程的学习，最终导致个人身体素质受到一定的影响。因此，高校体育教学整体质量有待提升。

(二) 体育教学项目较为枯燥

高校体育是高等教育阶段的一门通识类课程，但在组织体育教学活动时，许多教师采用的教学项目较为单一，通常只是对教材中体现的体育项目做出了相应的要求，没有真正考虑到学生的身体素质状况，没有基于学生特点来开发体育项目资源。高中体育教材涉及的体育项目大多已被学生所熟知，学生在接触这些体育项目的过程中容易产生厌倦感；小学和初中等学习阶段已经接触过的体育项目到大学后重新学习，这样的教学项目对学生而言缺乏吸引力。同时，由于体育项目的重复率较高，许多学生体育运动的习惯已经养成，动作难以纠正的问题普遍存在。此外，体育教学项目缺乏拓展性，学生的个性化学习需求无法得到充分满足，最终导致高校体育教育的教学活动流于形式，学生在体育活动中无法保持良好的学习状态。

（三）体育教学手段死板单一

在组织和实施高校体育教学活动时，许多教师采用的教学手段过于死板，学生的学习体验较为单一。许多教师只是将高校体育教学作为一项任务来完成，没有从学生个人素质发展的角度对体育教学模式做出优化，习惯以理论讲解为主，通过示范等多种形式帮助学生掌握动作和技巧。这样的教学形式虽然效率较高，但是课堂教学的气氛较为沉闷，学生虽然能够掌握体育运动的相关技巧，但是无法真正培养起对体育的兴趣。在这种教育方式的影响下，学生只是敷衍了事地面对体育学习，没有真正将体育运动拓展至课堂外，长此以往，高校体育教学流于形式，学生的身体素质无法得到有效锻炼，"终身体育"理念也无法贯彻和落实。

（四）体育文化教育严重缺失

体育文化是高校体育教学的重要组成部分，其中蕴含着深刻的精神内涵，无论是拼搏向前的进取精神，还是团队之间通力协作的集体精神，都有着独特的教育内涵，在培养学生终身体育方面有着不可替代的作用。但在现有的教育机制下，许多高校体育教师在开展教学活动时，没有充分认识到体育文化的教育价值，主要强调实践和锻炼，忽略了体育文化对学生的积极影响。教师将大量时间用于对体育运动技能方面的教学，学生虽然在教师的引导下能够逐渐掌握体育运动技术，但是无法真正感受到体育文化背后蕴含的深刻的人文价值。在体育文化缺失的情况下，学生只是将体育运动作为锻炼身体的一项活动，而无法真正领悟体育学科的人文内涵。

（五）体育教学评价缺乏合理性

教学评价是高校体育教学的重要一环，教师的评价标准直接影响学生的学习方向。目前，许多教师在实施教学评价时带有一定的功利性思想，通常只关注学生在体育项目中取得的成绩，而忽略了对学生体育运动态度方面的引导，没有将"终身体育"理念与教学评价相结合。在现有的评价机制下，教师通常只是在期末阶段对学生进行特定的体育项目测试，并且以体育测试的结果作为评价学生能力的唯一依据。实际上，不同成长环境的学生身体素质不同，在体育学习方面的表现也不一样，教师如果仅仅以成绩的高低来判断学生体育能力的好坏，很容易让部分学习用功的学生受到打击。此外，受到教师评价的影响，学生容易错误地认为高校体育只需要通过考试即可，对自身体育运动能力的培养缺乏重视，无法真正意识到体育对个人成长的重要价值。

（六）教师团队素质、能力有待提升

教师团队素质、能力是课堂质量的重要保障，但部分高校的体育教师团队素质、能力有待提升，这成了制约高校体育发展的重要因素。与其他学科相比，体育需要学生具有较强的逻辑思维和实践技能，因此教师的恰当引导必不可少。一些教师虽然重视自身对体育技术的分析和研究，却忽略了引导学生了解更多的体育知识，无法令学生达到举一反三和学以致用的效果，这不仅严重阻碍了学生的个人成长和发展，也影响了对学生自主学习能力的培养。

三、"终身体育"理念下高校体育教学改革策略

(一) 加强终身体育理论教学

理论作为实践的基础,在实践活动中起着十分重要的指导作用。所以,高校体育教师在实际教学过程中应该加强对终身体育相关理论知识的教学,对终身体育的定义、产生与发展等基本理论进行简单的整合与梳理,使学生对"终身体育"理念有一个初步的认识,并使其逐步树立正确的终身体育意识。只有如此,才能使学生真正重视体育运动,从而使他们主动加强体育锻炼。另外,体育教师还需要进一步加大对"终身体育"理念的宣传力度,使学生能够充分地认识到终身体育对自己未来发展的意义。除了通过语言的方式宣传之外,体育教师也可以寻找一些相关视频,通过播放视频的方式使学生直观地感受到终身体育对自身健康的重要价值,从而有效增强学生终身体育的意识。总而言之,教师在进行体育教学的过程中要将"终身体育"理论充分融入其中,这对学生感悟终身体育的重要性有着极大的帮助。

(二) 对体育课程体系设置进行优化

完善的课程体系设置是高校体育教学改革的重要基础和前提,在"终身体育"理念指导下,高校应当对体育课程体系的设置做出适当的调整和优化,将公共基础课与选修课紧密结合,为学生提供更加丰富多样的学习选择。从公共基础课课程体系设置的角度来看,高校应适当调整体育课在课程体系中的课时量,让学生能够更加全面地接触和学习体育知识,为学生的个人成长提供良好的保障;应对公共基础课的体育教学项目做出适当的优化,既要考虑传统的体育项目,也要基于乡土文化开发特色体育项目资源,如将武术等体育项目融入体育教学,让学生能够获得更加全面的学习体验。在开设选修课时,高校应当充分考虑学生的学习需求,倾听学生的学习意见,将学生呼声高的体育项目以选修课的形式进行开设,这一方面可以满足学生学分方面的要求,另一方面能够供学生自主选择。通过这样的形式,学生能够主动地参与到感兴趣的体育项目中,并且培养起浓厚的体育学习兴趣,为终身体育的有效落实奠定基础。

(三) 创新教学方式、教学手段

目前,我国高校存在教学方法单一、教学手段单调的现象,这难以使学生提起兴趣积极地参与到体育锻炼之中。因此,各个高校的体育教师应当打破传统教学模式的局限,大胆地对教学方法及教学手段进行改革创新,以此来激发学生参与体育锻炼、学习体育知识的积极性,进而达到提高体育教学水平的目的。

首先,积极采用分层教学法。不同学生的思维习惯、学习能力、个性特点、兴趣爱好、身体体质等都是各不相同的,但就目前的情况来看,我国高校大多数体育教师并没有根据学生的不同情况制订不同的教学方案,仍然在沿用传统的、集中统一的、一视同仁的教学方式和方法,所以教学效果常常不尽如人意。针对这一问题,高校体育教师应该将学生按照体育水平、体育兴趣等分成不同层级,并根据每个层级学生的实际情况制订具有针对性的教学方案,使得处于不同层级的学生都能获得相应的进步。

其次,充分利用多媒体进行体育教学,以激发学生学习体育理论知识的兴趣。体育教师可以将多媒体技术适当地运用到体育教学中,以生动活泼的视觉、听觉和动画效果带给学生直观、感性的认识,促使学生在学习和实践的过程中对终身体育形成更加深刻的印象,从而

逐渐养成规律性的体育锻炼习惯。例如，体育教师可以将体育教学中容易出错或难度较大的技术动作进行正确演示与讲解示范，并将其整理、制作成多媒体课件，将课件播放给学生观看，以加深学生对体育技术动作的理解与记忆。另外，在实践中，体育教师还需要对学生进行科学指导，以此与多媒体教学形成互补，这样可以加强和巩固学生的学习效果。总而言之，教师利用多媒体教学的独特优势，可以使体育教学和教育达到事半功倍的效果：一是可以促使学生对体育知识的学习产生更加浓厚的兴趣；二是可以促使学生形成终身体育的意识，更加自觉、主动地加入体育锻炼的队伍。

针对体育文化教育不足的问题，教师应当运用多媒体以渗透体育文化教育，让高校体育的内涵更加丰富，确保学生能够真正感受到体育学科的独特价值。这就要求教师具备较强的组织和协调能力，能够利用阴雨天气等不方便户外活动的时间进行体育文化教育，并且在多媒体的辅助下，将体育文化更加系统且直观地呈现在学生面前。教师首先需要提前准备体育文化教育相关的素材（无论是优秀的运动员还是体育文化本身的起源，都可以作为体育文化教育的重要素材），借助图片和视频等辅助资料，对学生提出明确的要求，让学生能够在接触体育文化的同时体会到体育运动的魅力。在教师的科学引导下，学生能够受到体育文化的感染，逐渐转变对体育运动的态度，并培养良好的精神品质。以篮球项目为例，在组织教学活动时，教师可以为学生介绍优秀的体育明星，让学生从体育明星身上感受到体育运动的独特魅力。在开展教学活动时，教师可以为学生播放相关的视频片段，让学生感受到运动员身上的独特魅力，逐渐培养起对篮球的热爱。

再次，采用趣味性的体育教学手段。培养学生学习兴趣是落实"终身体育"理念的重要前提和保障，在组织教学活动时，教师应当采用趣味性的教学手段以丰富学生的学习体验，让学生能够积极主动地投入体育学习，并且不断巩固体育运动技能，以实现更好的教学效果。教师应当具备较强的组织和协调能力，在教育过程中适当地融入体育游戏，既要考虑学生的体育运动基础，也要关注学生的兴趣爱好，确保体育游戏具有较强的教育价值，让学生感受到体育独特的趣味性。此外，教师还应把握好趣味体育游戏活动的组织形式，考虑到课堂上的教育价值，也要具备一定的课外探究价值，让学生能够在课外时间进行相应的体育锻炼，以体育游戏的形式丰富学生的课余生活。在参与游戏的过程中，学生的爆发力和反应能力能够得到有效的培养和锻炼，学生既要关注身后的对手，也要时刻提醒队友。借助游戏，学生能够真正投入体育活动，并且逐渐养成体育运动的习惯，为"终身体育"理念的有效落实提供保障。

最后，体育教师应该结合教学内容与教学要求，积极组织学生进行不同项目的体育训练与比赛活动，这既可以提高学生的体质水平，又可以加深学生对各个体育项目技能技术的理解。例如，教师可以定期组织学生开展足球比赛、篮球比赛等，通过体育竞赛活动的形式，全面提升学生的运动技能、体育素养与身体素质。

体育教学除了上述方法与手段之外，还有很多其他方法，如探究式教学法、逆向教学法、合作教学法、翻转课堂教学法等，体育教师应根据实际情况，科学、合理地选择教学方法，也可以将多种教学方法进行灵活组合并加以运用，实现体育教学效果的最大化。

（六）以社团为平台培养学生的运动习惯

高校学生是高校体育教学改革中的主体，教师在实际的教学当中只能起到一个辅助的作用，真正的学习和提升还是要靠高校学生自己。所以在进行体育教学时，教师要注重培养高校学生自主学习能力。高校学生各方面的发展都处于比较完善的阶段，所以他们更善于接受新鲜事物，同时具有一定的可塑性，教师根据每个高校学生的情况进行适宜的教学引导就可以达到比较不错的教学效果，这样也可以相对减轻教师在体育教学中的压力，从而达到提升体育教学效率及质量的目的，更好地促进体育教学改革的实施。

高校体育教学改革不仅体现在课堂上，也应拓展至课堂外。高校体育教师应充分发挥体育社团的作用，以体育社团为平台，为学生提供良好的自我展示空间，确保学生能够丰富课余生活。高校体育教师还应发挥自身的优势和特长，在体育教学之余对各体育社团做出适当指导，通过有效的分工协作，确保每个社团都有专业的教师作为指导。此外，高校体育教师应当做出适当的引导，将体育项目进行细致划分，确保学生能够保持高度的热情，并且融入传统体育项目，如跳竹竿、太极拳等。这样一来，学生能够根据自己的兴趣爱好选择课外体育活动，同时教师以社团为平台，引导学生进行自我管理，促进学生养成终身体育的运动习惯。

（七）完善考核评价体系

教学效果的评价方法过于单一和片面是高校体育教学中普遍存在的问题，具体表现为过于注重学生的考试成绩。教学效果评价主要是通过分数量化的方式来考核学生的体育成绩，这种单一的评价方法忽略了学生其他方面的发展，不仅会大大降低学生的学习兴趣，也不利于教师全面了解学生的综合水平，最终阻碍学生的全面发展。在这种情况下，各大高校应结合自身实际情况，对体育教学评价体系进行全面改革和创新。具体而言，就是高校要从多个维度来考查教师的教学工作和学生的学习效果。只有以此为出发点，建立一个灵活、多样且可量化的评价机制，才能在真正意义上客观、综合地对学生的学习效果进行评价。比如，除了将学生的体育考试成绩作为评价指标之外，还可以将学生的学习态度、出勤情况、体育技能水平、体育理论知识掌握情况、进步幅度等作为考核的依据。另外，体育教师在公布体育成绩时，可以采用评级的方式，避免直接公布学生的分数，其主要目的是在保护学生自尊心的同时，不影响他们参与体育学习的积极性。

（八）对教师教学能力进行有效培养

体育教师是高校体育教学活动的组织者，也是学生体育学习生涯的引路人。为了有效落实高校体育教学改革，体育教师必须提高自身教学能力，并积极参与到学校组织的各项教研活动中。从个人素质发展的角度来看，体育教师需要对自身提出更加严格的要求，利用工作之余学习先进的教育理念，掌握多项体育运动技能，在教学过程中以专业能力令学生折服，以平易近人的姿态感染学生。从高校体育教师师资队伍建设的角度来看，高校应积极组织形式多样的培训活动，围绕"终身体育"理念的相关教育要求，对体育教师进行专门的培养，让体育教师具备较强的体育教学能力，并且始终围绕"终身体育"理念开展体育教学活动；可以邀请体育方面的专家和学者到校指导工作，根据本校独特的校情调整和优化教育策略，确保"终身体育"理念能够始终指导高校体育教学。

终身体育是现阶段体育教学改革当中最主要的教学理念，可以更好地促进高校学生体质健康的发展，同时促进高校学生更加全面地发展。教师要通过实际教学不断地改进教学方案，找到真正适合高校学生发展的体育教学方法；要积极培养高校学生的体育意识；对于体育教学改革中存在的问题要及时找到应对的方案；要多创新，适应时代的发展，促进"终身体育"理念更好地发展；通过体育教学改革，及时解决目前高校学生体质问题，对每一个高校学生负责，提升高校学生整体体质水平，为社会输送更多的优秀人才。

第四章　高校体育教学内容改革科学探索

第一节　高校体育教学内容的基本理论

一、高校体育教学内容的概念

（一）高校体育教学内容的定义

高校体育教学内容是体育教学目标与体育教学实施的中介，是体育课程内容的一个有机组成部分。从体育课程内容与体育教学内容的关系角度来看，体育教学内容主要涉及教师在体育教学中"教授行为"的具体内容、学生"学习行为"的具体内容以及二者如何互动的具体内容等。体育教学内容不仅包括体育教学过程中所有"教"与"学"的具体内容，还包括各种"教"与"学"活动的具体组织步骤。因此，体育教学内容就是在体育教学环境下传授给学生的体育与健康基础知识、运动技能和健身方法等体育知识体系，学生所获得的体育与健康生活经验和体育学习经验，以及"教"与"学"活动的具体组织步骤。

同一般教学内容及竞技运动内容相比，高校体育教学内容有所不同：一方面，高校体育教学内容区别于语文、数学等一般教学内容。高校体育教学内容在选择和加工上有一定要求，它需要以高校体育教学目标为基础，根据学生发展需要和教学条件来完成，主要是以运动的形式进行教学，以达到锻炼学生身体素质、运动能力和提高学生比赛能力的目的；同时它是在一定的学校体育教学条件下进行教授的。另一方面，高校体育教学内容区别于竞技运动内容。竞技运动不是教学，它更多的是通过竞技达到娱乐和竞赛的目的，而高校体育的主要目的是教学。高校体育教学内容是以学生学习需要为前提，经改造、组织和加工而成的，而竞技运动内容不需要这样的改造。高校体育教学内容是教育内容的重要组成部分，但在形式上与其他学科教学内容有较大差异。正是这个原因使高校体育教学内容形成了独特的性质，并在教育内容中处于独特位置，也使其在内容的选择、加工以及教学过程上都变得更加复杂和困难。

（二）高校体育教学内容的意义

高校体育教学内容最大的意义就是能最大限度地促进体育目标的实现。在高校体育教学活动中，体育教学内容是重要的因素，要实现体育教学目标，体育教学内容是不可或缺的。

一方面，在体育教师进行教学的过程中，体育教学目标是其执行教学方案的直接依据，因此，体育教师必须深入掌握和了解这方面的内容，其工作才算是合格的。同时，随着社会的发展，人们对体育教学的要求不断提高，体育教学内容绝不能一成不变。人的认知能力是有限的，所以，体育教师必须持续钻研体育教学内容，以不断提高自身能力。

另一方面，体育教学内容应该是体育教师在充分研究学生的身心发展特点和已有体育水平的基础上选择和确定的，因此，它应当能对学生身心的进一步发展起到积极的促进作用。这种积极作用的发挥要从理论上的可能性变为现实性，即在教师的有效组织和指导下，学生努力学习和训练教学内容。这就要求体育教师善于教育学生，善于把国家规定的和自己选定的教学内容变成学生实际感知的适合学生自我发展需要的学习内容，从而使教师负责的"教"和学生能动的"学"统一于完整的教学活动中，使教师教有所进，使学生学有所得。因此，科学而合理地选定体育教学内容，有利于学生顺利获得体育知识和技能、锻炼身体、增强体质、形成正确的体育意识和养成良好的行为习惯，并有利于培养学生良好的思想品德，发展学生的个性。

二、高校体育教学内容的特性分析

（一）体育教学内容的一般教育特点

体育教学内容的一般教育特点为教育性、科学性和系统性。

1. 教育性

体育教学内容是对受教育者进行身体健康教育和心理陶冶教育的参考，体育教学研究者和内容的组织者在将众多的运动项目选为体育教学内容的时候，首先想到的就是这些运动项目本身所具有的教育性。体育教学内容的教育性主要体现在以下几个方面。

（1）有利于学生身心健康

体育教学是通过指导学生进行体育运动和一些竞技性的小组活动，促进学生身心健康发展的一种教学活动。体育运动本身是一种肌肉群的活动，可以锻炼学生的身体，增强学生的体质；各种小组教学活动和竞技类活动可以培养学生的综合素质。

（2）对学生成长有积极影响

体育教学内容对学生成长具有深刻影响意义，能矫正学生的心态，培养学生坚强的意志，影响学生价值观的形成，对学生的成长具有积极的影响。

（3）内容的设计具有普遍性

体育教学所面对的对象是全体学生，因此，体育教学内容具有普遍性。所谓的普遍性就是指教学内容要保证适应大多数学生，这样才能达到"教"和"学"的统一，有利于教学的顺利开展。

2. 科学性

因为体育教学是以学校教育为主要形式而进行的一种有计划、有组织、有目的的教育活动，所以，体育教学内容也应该与学校教育范畴中的其他教学内容一样，具有很强的科学性和严谨性。通过多年来对体育教学经验和教学内容的研究和分析，我们可以总结出以下体育教学内容的科学性表现。

（1）保证内容的内涵性

体育教学的对象是学生，其目标是培养社会所需要的身心健康、全面发展的人才。体育教学内容是对人类文明的反映和表现，是从实践中逐渐总结和积累起来的，具有很强的科学性。

（2）教学内容符合学生的需求

为了保证体育教学内容能够很好地为学生服务，体育教学研究者需要对教学内容进行反复筛选，使体育教学内容能够符合学生的身体发展需求和社会需求，并且有很高的指导性，以便为教学提供参考和依据。

（3）遵循体育教学的规律和原则

任何一门学科的教学都要遵循其特定的规律和原则，这是保证教学目的顺利实现的基本条件之一。体育教学涉及的内容较多，较为复杂。为了保证教学过程能够按照目标要求的方向进行，教学内容的选择应该遵循体育教学中特定的科学规律和原则，保证体育教学的科学性。

3. 系统性

体育教学是一门繁杂的学科，不仅涉及的内容繁多，范围较为宽泛，而且对教学目标要求较高。因此，体育教师在梳理教学内容时，应该根据知识间的系统性进行组织和安排。通过对体育教学内容的研究可以发现，体育教学内容的系统性主要表现在以下两个方面。

（1）教学内容本身的系统性

体育教学内容具有很大的复杂性，但是知识内容之间又表现出一定的联系性和逻辑性，这体现了体育教学内容本身的系统性。

（2）体育教学目标的系统性

在体育教学的过程中，体育教师需要根据体育教学的特点、学生的成长特点和教学环境等组织教学，这深刻反映了体育教学内在过程和教学内容之间的规律性。体育教学研究者必须系统地、有逻辑地安排体育教学内容，并处理好内容之间的相互关系，将体育教学目标贯穿于教学的始终。

（二）体育教学内容的专属特性

体育教学内容具有很多专属特性，这些特性在体育教学过程中发挥着非常重要的作用，主要表现在以下几个方面。

1. 内容的实践性

体育教学内容主要是一些具有教育意义的运动项目，并且需要学生肢体和肌肉群共同作用才能完成。因此，实践性是体育教学中的一个较为突出的特点。一般学科是以教师的课堂讲授为主，通过听、说、读、写一系列训练完成教学任务；而体育教学内容仅仅依靠听、说、读、写这些相对静态的方式是无法完成的，需要在特定的场地通过一定的体育运动才能完成。由此可见，体育教学内容具有实践性的特点。

2. 内容的娱乐性

体育教学内容的主要来源是体育运动项目，体育运动项目大多具有很强的运动性及竞技性，同时具有相当的趣味性与娱乐性。体育运动之所以具有趣味性，就是因为学生在运动过程中存在着如竞争、合作、表现欲等一系列的心理过程。这些心理过程能够使学生体会到很多的乐趣，同时，学生对运动的新体验和学习的成就感会加强这种乐趣。除此之外，运动的环境、场地、比赛规则、比赛形式等的变化也能够体现体育教学内容的娱乐性。学生在教师的指导下钻研体育教学内容时，动机之一就是对运动乐趣的追求。在追求运动乐趣的过程中，学生会得到从其他学科的教学内容中无法习得的体验，从而陶冶情操、愉悦身心。

3. 健身性

体育教学的目的之一便是增强学生的体质，保证每一名学生都能拥有健康的体魄。学生在学习和练习体育教学内容的过程中，能通过肌肉群的运动对肌体进行锻炼，很多能为身体带来动能的体育运动都会增加学生身体中的运动负荷。青少年正处于身体发育的关键时期，适当的体育运动能够促进其身体成长，提高他们的肺活量，激发他们身体内部的潜能。

4. 人际交流的开放性

体育教学的主要形式是集体活动，并在集体活动的基础上进行运动学习和竞赛。在体育教学的学习、练习和比赛中，学生之间有着非常频繁的交流，所以，相比其他学科的教学内容，体育教学内容在人际交往方面具有更加明显的开放性。体育教学内容正是由于人际交流的开放性，体现出其对集体精神、竞争精神进行协同培养的独特功能。在体育教学内容以小组为单位进行时，组内成员必须密切合作。在体育教学过程中，学生、教师在角色变化上相较其他学科来说会更多，这都体现了人际交流的开放性。因此，体育教学内容能够促使学生提升社会适应能力。

第二节　高校体育教学内容的设置存在的问题与对策

一、高校体育教学内容设置存在的问题

自教学产生以来，教学内容就一直被视为教学中的重要因素之一。教学内容是教学过程中教师的"教"与学生的"学"的双边活动的中介。学校的教学内容是以教学计划、教学大纲、教材或讲义、活动安排等具体形式表现出来的知识、技能、价值观念及行为。因此可以说，教学内容就是学校传授给学生的知识、技能、技巧、思想、观点、信仰、言语、行为、习惯等的总和。体育教学内容是体育教学系统中重要的部分之一。普通高校体育教学内容的设置与选择，在很大程度上影响着体育教学目标的顺利实现，也影响着教学方法、组织模式、教学评价等内容的实施。目前，我国高校的发展正处于快速变革当中，高校体育教学内容的选择与设置，是高校体育教学改革的重要任务之一。因此，只有设置合理的体育教学内容，才能贯彻国家"以人为本""健康第一"的体育教学指导思想；才能培养出合格的、素质全面的现代社会建设人才，真正做到"以人为本""全面发展"；才能对学生进行有效的体育与健康教育，使学生养成终身体育锻炼的意识与习惯，提高身体健康水平与生活幸福感，最终实现高校体育教学的目标。

（一）现代体育的本质及理念的内容不够

由于我国的历史及传统文化原因，有的人对现代体育的认识存在着偏见，对现代体育的本质及功能了解太少，对体育的理解仍然停留在旧有的观念上。多数人对体育的理解也仅限于把体育看成竞技体育训练与比赛，认为竞技体育赛事是体育的全部内容，把"胜负"看成现代体育的代名词。人们对大众体育以及学校体育的了解很少，"竞技体育即体育"的错误观点被学生潜移默化地接受。加之人们对体育学科的发展知之甚少，进而也导致了体育学科与群体活动在多数学校得不到重视、体育行业在社会上的地位不被看好等现象的产生。对于高校体育教学来说，目前最迫切的任务是让社会大众真正地了解体育，向社会普及体育知识

与理念。

另外，进入高校后，学生对体育的错误认识会使体育课堂教学效果的理想化（学生想在短时间内学到优秀运动员的技术）与实际教学效果形成反差，通过传媒得到的关于体育的概况与课堂上的教学内容形成反差，进而对体育课失去兴趣。出现这种问题的主要原因在于很多高校学生对体育缺乏客观全面的认识，因此，高校体育教学在内容的选择上要多一些体育的基本理论、体育概念与本质的知识，要让学生真正理解体育是什么，真正理解体育的功能与价值。

（二）体育教学项目设置休闲化倾向严重

由于社会的发展以及人们休闲手段的不断开发与创新，近年来新兴的体育项目不断出现。很多高校片面强调学生兴趣，在设置体育教学项目内容上迎合学生的追求时髦、避重就轻等心理，盲目求新、求异，开设了许多新兴时尚体育项目，摒弃了一些传统的、有很高锻炼价值的项目，如器械体操、投掷、体育游戏、跑跳等。

传统的体育教学内容是体育文化宝库中的瑰宝，其中许多竞技体育的运动项目既有竞技性，也有健身性和娱乐性，对培养学生的体育兴趣、提高学生的体育文化素养及运动技能等具有多方面的作用。这类传统的体育运动项目经过长时间的实践被证明是有价值的，在新的历史阶段与新的条件下可以做一些修改与变通，以便在体育教学中运用。即使是一些竞技性较强的运动项目，也可以经过改革、创新变成学生喜闻乐见的教学内容。

（三）为避免伤病事故而使身体练习内容过于简化

在当前高校体育教学中，普遍存在的问题是淡化运动技术学习，使体育课变成了简单的项目介绍。再加上体育课班级人数过多，以及受体育场地设施数量与种类限制，学生课堂练习的密度与强度很难达到所需水平。

体育的本质是对人自身的改造，决定了高校体育活动的性质是一种直接的实践活动。因此，体育的一个最重要的方面便是以身体练习为手段。高校体育要从实践的体育教学本质出发，使学生真正成为体育实践活动的主体，拓展学生的实践空间，丰富学生的实践内容。如果没有适当的身体练习，高校体育教学的一系列目标便不能实现。只有科学合理地选择与设置教学内容，才是解决运动损伤、班级人数多、场地器材不足等问题的关键，一味地淡化技术教学、降低学生课堂练习量与练习密度会使高校体育教学失去其应有的功能与意义。

（四）对体育基础理论知识的重视程度不够

体育理论知识是对体育实践活动的理性总结与概括，可以对体育实践活动进行指导，是体育的重要内容。人们只有充分了解体育理论知识，才能正确地理解体育，科学地进行体育实践活动。目前在我国高校的体育教学中，教师对体育理论知识的重视程度不够，体育理论课的教学时数普遍偏少，一般都是在每学期体育课中集中安排2～4个学时进行体育基本理论教学。体育理论知识内容的选择也多半是以项目技战术理论及规则与裁判法为主，缺乏体育锻炼基本常识与身体安全教育，没有达到体育理论教学的目的，也不能达成《全国普通高等学校体育课程教学指导纲要》指出的提高体育文化素养的目标。

对于体育理论知识教学，教师应该选择体育的基本概念原理、方法作为主要内容，即教学内容的选择应以教育及体育知识本身固有的标准为依据，而不是以预设的学生行为结果为准绳。而且，体育理论知识的内容庞大且复杂，学生要想对其有系统的认识，必须花费一定的时间去认真学习。高校体育教学中的理论教学应该系统化进行，而不是在每学期第一周或最后一周进行一两次象征性的理论教学，因为在很少的教学时间内很难对学生进行全面的体育基础知识教育。

二、影响高校体育教学内容设置的主要因素

（一）体育思想对高校体育教学内容设置的影响

在"健康第一"思想的指导下，我国高校体育教学内容进行了较大的改革与调整，改变了二十世纪八九十年代的以发展学生的基础知识、基本技术和基本技能为目的的教学内容的设置，取而代之的是能够有效提高学生综合健康水平和全面体育文化素养的教学内容。"健康第一""以人为本"的高校体育课程教学指导思想，是高校体育为了适应快速发展的社会对高校人才的要求而提出的。在这一思想的影响下，高校体育教学内容也发生了很大的变化，很多高校体育项目的设置更加丰富了，一改过去只有田径、武术、三大球等传统项目，还设置了形形色色的或传统、或时尚、或民族的各类体育项目，如健美操、跆拳道、轮滑、街舞、体育舞蹈、攀岩甚至高尔夫球等流行和时尚的体育运动项目。

自 20 世纪 80 年代中期以来，我国高校体育领域引进了"终身体育"和"快乐体育"的思想，越来越多的人对体育教学内容质疑，主张取消或减少竞技体育项目。这些不同的体育教学思想对高校体育教学的影响也是非常大的。

（二）课程目标对高校体育教学内容设置的影响

体育教学内容的设置重要的依据之一就是课程教学目标。科学地选择教学内容是顺利实现教学目标的重要保证。教学内容具有很强的时代性，不同社会发展时期的体育教学目标会有很大的差别。比如，我国在开始改革开放后，国家教委在修订《全国普通高等学校体育课程教学指导纲要》时不再以增强学生体质为主要目的，而是改为以提高学生健康水平为主要目的，也对教学内容做了大量改进，把原来复杂的、脱离社会需要和不能满足学生体育需要的教学内容进行了调整。

（三）学生身心特点、体质及健康状况对高校体育教学内容设置的影响

高校体育教学内容设置的又一重要影响因素是学生身心特点、体质及健康状况。学生在不同的年龄段有不同的生理及心理发展特点，进入大学后，其身体素质发展逐渐接近成年人的水平，心理能力发展稍滞后于机体素质的发展。所以在高校体育教学中，不仅要促进学生的身体健康，发展学生运动技能，还要提高学生社会适应能力，高校只有科学地设置体育教学内容，才能实现高校体育教学的目标。在改革开放前的很长一段时间内，我国体育教学过分强调工具性质，教学过程过于注重强迫性的生物训练，教学内容机械、呆板、枯燥、整齐划一，压抑了学生的个性，违背了学生的身心特点。

学生作为高校体育教育的对象和自我教育的主体，很长时期内没有被重视起来。高校体育教学质量和教育效果，必然要通过学生才能体现出来，所以，体育教学内容的设置必须考虑学生的身心发展特点与状况，根据不同身体条件的学生，选择不同的教学内容，开设不同

的体育课程，这是贯彻《全国普通高等学校体育课程教学指导纲要》指导思想、满足不同学生体育需要的唯一途径。比如，对身体素质较差的学生开设综合素质提高班，以提高这些学生的身体机能与素质水平；对身体素质较好的学生可开展竞技提高班，以满足他们进一步提高身体素质与项目技术的需要；而对身体有残疾或体质特别弱的学生可开设体育保健班，以促进他们的体质水平不断提高。

（四）地域环境与社会文化环境对高校体育教学内容设置的影响

体育作为一种社会文化事物，其地域文化特点鲜明，不同的地域环境会形成不同的社会文化环境，不同的社会文化环境会滋生不同的体育文化。不同的学校可根据所处的不同的地理与文化环境，在体育教学中选择开设一些具有自身文化特点的体育运动项目。在不同地域环境与社会文化环境中，合理开发体育教学内容资源，对高校体育教学内容设置具有重大意义。除了众所周知的中华武术以外，各地、各民族也有许多体育活动内容值得挖掘和开发，如摔跤、划龙舟、抢花炮、扔沙袋等。当然，我们提倡的并不是原汁原味地照搬，而是经过挑选、加工、改造、整理，使其教材化，具有教育性、科学性、主体性、探究性、应用性和发展性，适合学生参加锻炼，能增进学生身心健康。传承优秀的传统文化也是体育教学的重要功能。体育教学内容的设置无疑是要吸收我国历史悠久的传统体育内容，使这些宝贵的文化遗产得以继承，这也是体育教学内容的继承性特点。可见，地域环境与社会文化环境对高校体育教学内容的设置有深刻的影响。

（五）体育商业化等社会因素对高校体育教学内容设置的影响

现代社会经济的高速发展，使各类体育活动的商业化程度日益提高，从而使体育消费与时尚体育活动影响到高校学生对体育的解读。同时，媒体对体育的大肆宣传影响了高校学生对体育的认知、态度与行为。

媒体对各类或时尚、或刺激、或新异的体育运动项目的大力推介，提高了社会对这些流行体育项目的热衷度，高校学生更是体育迷中的主力军。所以很多高校在体育教学内容中都设置了现今比较流行的时尚体育项目，如足球、体育舞蹈、网球、跆拳道、保龄球、攀岩、定向越野和高尔夫球等。商业化在加快体育文化传播的同时，也影响到高校体育教学的诸多方面，容易使高校体育教学目标变得模糊或功利化，也易使高校体育教学内容的设置偏离正确的方向。

总之，体育教学内容的设置应符合本校学生特点。学生身体素质基础、学生爱好、学生学业等都是高校体育教学内容及项目设置的依据，在选择设置什么样的教学内容时，教师对学生身体状况、心理状况进行充分的调查和测量是完全必要的。选项课在时间上除了按学期设置外，也可尝试根据不同的时段来安排不同的项目内容。

除了按照《全国普通高等学校体育课程教学指导纲要》建议开设的体育教学项目和内容以外，高校还要选择一些适合本校特点的教学内容和项目，以突出本校特色，这样才能把一个学校的体育教学办出特色，更好地满足本校学生的体育需求，更好地完成高校体育教学的目标与任务。国家有关部门应加大对体育的宣传力度，增加宣传体育的功能、意义等内容的比重，这也是体育教育工作者义不容辞的责任。

三、高校体育教学内容设置的改进策略

(一) 加强师资队伍建设

高校体育教学内容设置与教师自身素质有着极为重要的关系，有关部门必须重视加强对教师队伍的建设，提高师资队伍的能力。教师作为高校体育教学内容的组织者，其素质、能力、水平将直接关系到高校体育教学的质量与成效。因此，高校要不断提高师资队伍的整体水平，通过各种有效的途径、方法及措施，在提高师资队伍整体素质的基础上，全面推进高校体育教学内容合理有效的设置。

(二) 建立完善的教学质量评价体系

教学内容是否得到有效合理的配置是教学质量评价的重要指标，因为它将直观地反映出教学效果。建立科学和准确的体育教学评价体系，是教师获取教学反馈、改进教学模式、提高教学质量的前提和基础，也是高校学生调整学习目标、提高学习效率、增强学生身体素质的重要途径。具体来说，建立完善的体育教学质量评价体系，首先需要制定高校学生参与体育教学及锻炼效果的评价标准，还要根据不断变化的情况（如学生身体素质等）调整教学评价体系的标准。这样一种适应学生自身体质发展的标准，必将极大地调动高校学生参与高校体育教学活动的积极性。

(三) 学生要主动培养创新能力

高校体育教学内容完善的设置不单纯是教师的责任，学生也应当积极发挥自己的作用：充分展示自己的思维智慧、参与兴趣和创新能力；积极建议教师组织形式多样、内容丰富的教学活动，积极参与到高校体育教学活动中，有效地培养自己的思维能力、学习能力和创新能力，不断获得参与体育锻炼的机会，进而获得成功的体验。

第三节 高校体育教学内容改革探索

一、高校体育教学内容改革的依据

(一) 应符合体育与健康改革的需要

体育是我国基础教育中一门必修的课程，在体育教学中具有非常重要的作用。因此，随着不断变化的体育教学需求，体育课程也应该进行相应的调整，从而使高校体育教学的需求得到满足。基于此，高校在选择体育教学内容时，需要充分考虑体育教学需求，以提高学生的综合能力。

(二) 应符合现代高校学生的特点

高校学生的身心发展日趋成熟，这为其在大学的独立生活和学习提供了必要的生理基础。但高校学生的心理还未真正成熟，其世界观、价值观正处于逐步形成的阶段。高校学生作为已经掌握了一定社会规范、有着较强的独立意识、具有较高智力发展水平的群体，他们

有各自的兴趣和需求，对各种事物均会做出自己的分析、判断和选择。这不仅体现在高校学生有很强的对环境的适应能力和独立生活的能力方面；还体现在他们能够融合所学的专业知识，通过各种途径，积极参加校内外的社会实践活动方面，他们期望能够在活动中塑造和锻炼自己。

（三）应符合高校学生对体育知识的需求

体育教学内容的改革可以对体育学科的发展起到推动作用。随着社会的不断发展，知识更新迅猛，当今社会处于信息"大爆炸"时期，涌现出越来越多的新知识，越来越多的旧知识被淘汰。现代高校学生的体育意识得到了进一步的增强，仅仅掌握一些一般性的体育基本技术和基本技能已不能满足于他们，他们更希望掌握一定的专业性体育知识武装自己的头脑，以便为树立现代的体育观打下坚实的基础。为了适应社会的发展，高校学生必须对知识进行及时更新，只有通过对新知识的学习才能和社会发展相适应。因此，随着体育学科的不断发展，高校需要不断地变革体育教学内容。

（四）应符合高校学生对健身的需求

随着经济的迅猛发展和社会的进步，社会各个领域的竞争日益加剧。而生活节奏的加快，使人们承受的心理压力在不断增大，现代文明病和各种职业病越来越多，加上环境的污染和生态平衡的破坏，高校学生开始认识到健身是提高生活质量的保障。与此同时，"健康第一"的教育指导思想正在高校学生的头脑中逐渐形成，高校学生的健身意识大大增强。

（五）应符合高校学生对健美的需求

随着高校学生体育意识的不断增强，健美已逐渐成为现代高校学生所喜爱的健身方式之一。传统的体育教学以传授体育的"三基"为中心，旨在增强学生的体质，几乎没有向学生传授任何有关健美的知识和技能。改革开放以来，我国人民的物质生活和精神生活都有了很大程度的提高，高校学生的体育观念也发了巨大的变化，健美在大学校园里已成为一种时尚，健美操、韵律操、形体训练等健身项目，深受高校学生喜爱。

（六）应符合高校学生对娱乐的需求

为了进一步贯彻实施《全民健身计划纲要》，高校应引导学生主动、积极地去学习和掌握娱乐体育的知识和技能。娱乐原本是体育的本质属性，如果体育失去了娱乐的功能，也就失去了它的魅力。高校学生参加各种体育活动不仅是为了锻炼身体，也是为了愉悦身心和陶冶情操。培养高校学生的体育兴趣，让高校学生从体育运动中寻找乐趣，满足高校学生身心发展的需要，是高校体育的主要目标之一。

（七）应符合高校学生对终身体育和竞技体育的需求

随着我国人民生活水平的不断提高，健康消费已成为一种社会时尚。现代高校学生在这种社会环境和终身体育思想的影响下，在追求体育锻炼的健康效益的同时，开始重视培养自己的体育兴趣和特长，并学习和掌握一些运动知识和运动技能。竞技体育具有鲜明的娱乐性、竞争性和人文性等特征，它所表现出来的竞争意识、群体意识、协作精神、拼搏精神等，都是高校学生的身心发展所迫切需要的。

（八）应符合高校培养目标的需要

高校要从培养目标出发，合理选择教学内容，使基于系统教学的现代化教学内容得到实现，使教学内容的实践性得到满足，为体育人才的输出与配备提供保障。

二、高校体育教学内容改革的基本准绳

（一）指向主体体验

身体练习仅仅是体育教学的外在手段，推动个体内在精神知觉与外在身体表达的内在契合和交织联动，才能实现个体的内在精神体验。高校体育在满足学生身体外在表达的同时，还需要借助这种外在表达与其内在精神知觉发生联系，外化于行、内成于心，进而构建意义层面的链接。对此，高校体育教学内容的革新需要围绕学生个体的内在需求和精神需求，以生活式、情境化、趣味性的内容激发其内在动力，进而以学生外在身体和内在需求的动态契合引发其精神体验。

（二）追求内在生成

内在生成指的是体育精神与体育情感的内化。这要求高校体育教学内容打破人的生物性属性壁垒，聚焦于生命的自由发展，将对体育精神和体育情感的培育作为内容设置的切入点和着眼点，促使学生在内在知觉体验中感知体育对人的潜能的激发，实现外在身体与内在生命力的相互感知和深度融合。与此同时，高校体育教学内容的设置和革新需要强调心智教育和情感教育，在具体的理论内容、活动内容中渗透个体的生命潜能和情感智慧，进而推动高校学生体育精神和体育情感的培育。

（三）强调范畴拓展

传统高校体育教学虽然重视体育、德育、智育的内在联动，然而制度制定与措施实施难以脱离形式化桎梏，单一化和扁平化的教学方式难以符合高校学生对体育教学的内在诉求。新的健康观已超越传统体育健康观念对身体体质和机能的片面强调，而是延伸至现代社会广域的健康概念，包括现代社会个体对在生态环境、现代科技、商业文明及多元社会发展交织互动中诱发的健康危机的应对。因而，高校体育教学内容的革新需要基于体育范畴的拓宽与延伸，结合多学科交叉融合理念，推动体育教学内容与其他专业学科的无缝对接与深度融合，并将体育教学内容的范围延伸至社会生产生活，改变高校体育独立割据的状态，推动学校体育向社会体育的转型。

三、高校体育教学内容改革的路径

（一）推动高校体育教学内容与思想政治教育的协同育人

高校体育教学内容需要在围绕学生身体素质和运动能力锻炼的同时，强调对学生内心维度与精神层面的触动，使学生个体通过外在的体育运动获得内在的德育培养和意志锻炼。具体来说，高校体育需要明确体育教学与思政教育的协同育人优势，贯彻"立德树人"教育理念，在体育教学内容中渗透丰富的思政元素，在体育竞赛、体育活动中融

入规则意识、团体荣誉、人文情怀、意志品质等因素，发挥思想政治教育在体育教学内容中的隐性教育功能，培养学生团结互助、遵纪守法、自尊自爱的道德品质，以及敢于拼搏、永不言败、自强不息的坚强意志，进而以潜移默化的方式激发学生内在的精神体验，以"润物无声"的形式滋养学生的心灵，促进高校体育教学内容成为实现高校学生全面发展的重要基石。

（二）引导体育核心素养发展成为高校体育教学内容改革的关注点

高校体育教学的革新需要以助推体育教学的层次提升为目标，结合《中国学生发展核心素养》，提升教学内容的立意格局并拓宽其形式范畴。首先，学生核心素养的培育聚焦于适应社会发展和终身发展需要的能力和品质。高校体育教学内容的改革需要以学生的成长规律和社会需求为导向，将学生自主发展、社会参与和文化需求作为教学内容的核心，实现学生片面追求体育知识和体育能力向体育精神与体育情感并重的转变，并引导学生牢固树立终身体育意识。其次，高校体育教学内容需要立足核心素养发展，融入体育价值观的培育内容，增强学生对体育的健康价值、人生价值、社会价值及精神价值的高度认同感，进而促使其在提升自身运动能力的同时，更加追求道德品质、价值观念、社交能力等方面的提升与塑造。最后，高校体育教学还需要融入体育道德价值观的内容，秉承先"成人"后"成才"的发展理念，加大教学内容对体育道德引导的力度，为体育道德培育提供丰富而多元的内容资源，促进学生通过体育观的塑造实现思想道德水平的全面提升。

（三）实现从"健康第一"递进至"终身体育"意识的内容目标

"健康第一"的教育理念提出后，我国高校体育教学便有了明确的发展方向。对此，高校体育教学内容要延续"健康第一"的体育教育理念，一切理论内容与实践内容的开展和进行均需要以"健康第一"理念为核心导向，促进健康体育强化高校学生的自我锻炼意识。之后，《"健康中国 2023"规划纲要》明确了健康目标是基于良好健康习惯的发展规划，并对科学健身知识与方法的普及、全面健身生活化、群众运动项目等进行了详细解释与重点强调。对此，高校体育教学需要将科学健身知识与健身方法融入教育内容，围绕全面健身生活化的理念，推动体育教学内容与学生生活实际的无缝对接、深度融合，并通过教学内容的调整与革新，实现对"每天锻炼""终身锻炼"目标的推动和践行。第一，从体育教学内容的目标导向上深化"终身体育意识"，以内容反向引导目标的形式，增强高校体育教学的规划性和长期性，促进学生对自我体育规划和终身体育锻炼意识的塑造。第二，需要构建身体素质锻炼、体育精神培育、"终身体育意识"三大内容板块，进而以内容改革为驱动目标，促进体育教学三级目标体系的建立，为"健康第一"递进至"终身体育意识"的并行发展提供不竭的驱动力。

综上可见，作为高素质人才的培养基地，高校需要抓住体育教学内容改革的契机，推动学生身体素质与心理素质的并行发展，通过对体育精神与体育人格的塑造，实现对学生健全人格和综合素质的培育。同时，高校将"终身体育"意识作为教学内容改革的目标导向，促进学校体育与社会体育的协同联动。

第五章　高校体育教学模式改革科学探索

第一节　高校体育教学模式概述

一、体育教学模式的概念

关于体育教学模式的定义有如下描述："体育教学模式是体现某种教学思想的教学程序，它包括相对稳定的教学过程结构和相应的教学方法体系，主要体现在教学单元和教学课的设计和实施上。"这一定义有如下几点内涵：它既体现了时间概念和有内在联系的"过程结构"，又加上了与之相辅的"教学方法体系"，成为"空间结构＋方式类型"的框架，以体现一般性和特殊性相结合的特点；它较"教学程序""课堂结构"的内涵更加全面完整，较"教学活动模型""教学范型"更加清晰、明确和具体，具有教学模式概念的全面性和确定性。上述定义还力图明确教学思想与教学模式的关系，把教学模式与教学思想作为"体现"和"被体现"的关系来处理，这比"指导"和"被指导"的提法更加客观、更有余地。这既可促进各种教学模式和各种教学思想的结合，也可摆脱"一种指导思想有一种模式"的简单对应关系，有利于纠正、消除把教学思想等同于教学模式的模糊认识。该定义对教学模式的空间和教学工作内容范围进行了界定，即"主要体现在教学单元和教学课的设计和实施上"。这是在以前的教学模式和体育教学模式研究中尚未明确的（由于这方面规定的内容含糊不清，体育教学出现了在理论上将课程模式、教学过程模式、教学方法类型、课的类型都称为教学模式的混乱概念），这种界定既符合当前体育教学以一个教学内容实体（单项）为教学基本单位的实际情况，又不割裂整体与各有机部分（课时的教学过程）之间的联系，而它的优点是使研究的对象更加具体。

《教育大辞典（增订合编本）》中是这样解释体育教学模式的："体育教学模式是反映特定教学理论逻辑轮廓的、为完成某种教学任务的相对稳定而具体的教学活动结构。具有直观性、假设性、近似性和完整性。"我国学者认为："教学模式是按照一定原理设计的一种具有相应结构和功能的教学活动的模型或策略。"以上资料对体育教学模式的表述有以下两点共性：一是体育教学模式是具有一定的结构并具有可操作性的"模块"，二是体育教学模式的形成建立在一定的学科理论基础之上。所以本书将体育教学模式定义为：在一定的教学理论基础的指导下，以一种或多种教学模型或教学策略的组合来完成体育教学的任务或目标的教学"模块"。体育教学模式可以体现在一节体育课中，也可以体现在一个完整的单元教学中，还可以体现在一堂课的某一部分中。

二、体育教学模式的内涵解析

（一）体育教学模式是体育价值观和体育指导思想的外化

体育教学是人类在漫长的历史过程中根据自身需要而创造出来的一种特殊的活动。人们在从事体育活动和接受体育教育的过程中，了解和接纳了体育的属性，逐渐形成了体育的价值观。体育教学模式是体育价值观和体育教学思想长期作用的产物，是体育价值观的外化，两者之间是体现和被体现的关系。体育价值观和体育指导思想构成了体育教学模式的内涵，我国体育实践的发展即可证明这一点。同时，体育价值观和体育指导思想的多元性使之与体育教学模式之间并非一一对应的僵硬关系。所以，一种体育教学模式中的体育价值观具有多重性和层次性。

（二）体育教学模式是体育教学管理的直观形式

体育教学管理就是依据体育管理的理论和方法，结合体育教学的目标、特点和规律，对体育教学过程和各教学环节进行有效的管理。体育教学模式是体育教学管理中具体的、恒定的一种形式。将体育教学管理作为体育教学模式确立的重要依据具有以下几个方面的意义：其一，有利于加强体育教学的全面质量管理并使之成为测定体育教学模式效益的重要参数。质量管理在体育教学管理系统各环节中落实的过程就是体育教学模式化的过程。在具体的体育教学模式中，全面质量管理包括全过程质量管理（如教学计划过程的质量管理和教学辅助过程的质量管理）和全员性质量管理（旨在加强教师、学生和教学条件三大要素之间的联系与作用）两方面。其二，通过教学管理，有利于突出体育教学模式的专业化特征。建立强有力的教学管理制度和措施、合理把握体育教学机制、强化渗透性管理是体育教学模式发挥过程效应和加强信息反馈的具体要求。其三，体育教学管理在体育教学模式中的作用还表现为教学方法的积淀，如在教学内容上，有利于将健身性与文化性、民族性与国际性、统一性与灵活性、实践性与知识性有机结合起来；在教学宏观控制上，有利于将统一要求与分类指导、行政管理与业务督查、基本评价与专题评价结合起来。

（三）体育教学模式是体育教学方法的优化组合

不同的体育教学模式的确立必然依赖于一系列相应教学方法的优化组合，教学方法是教学模式的重要内容和有力支撑。教学方法改革的目标在于丰富体育理论传播的载体，并形成以实用性为主要特征的教学方法体系，从而大面积提高教学质量。教学方法改革的过程与教学模式的形成过程方向一致，两者之间相互依托。教学方法的新颖性和多样性，使得教学方法在教学实践领域应用广泛，从而推动了体育教学各类活动模型的产生，并使活动模型在教学模式中占有很大比重。

三、体育教学模式的要素

（一）教学理论或教学思想

体育教学理论或体育教学指导思想是体育教学模式的深层要素。体育教学模式的形成和发展都是在一定的体育教学理论的基础上或体育教学思想指导下完成的。任何一种体育教学模式都有其支持的理论依据或指导思想，这也是体育教学模式区别于其他学科教学模式的重要依据。

（二）体育教学过程结构

体育教学过程结构是体育教学模式的要素之一，体育教学模式通常包括体育教学过程中师生相互作用的活动方式和体育教学的操作程序等，这是在体育教学过程中的可见部分，不同于教学指导思想的无形。不同的体育教学模式具有不同的教学过程。

（三）体育教学方法体系

体育教学模式的核心要素就是体育教学的方法体系。不同的体育教学模式都具有与其相匹配的教学指导思想和教学方法体系。体育教学方法的重组和开发也是区别于不同体育教学模式的外在表现，在教法层面上体现出其特定的表现。

（四）体育教学条件

体育教学条件是体育教学模式中不可缺少的要素，就好比你有一辆豪车，但是没有公路或是路面状况很不好，发挥不出豪车优越的性能。所以，体育教学模式的实施必须具有与其相匹配的体育教学条件，如学生的体育课学习基础、体育教师的教学水平、活动场地设施等软硬件设施。没有相应的体育教学条件，体育教学模式就发挥不了有效作用。

四、体育教学模式的结构

体育教学模式的结构主要包括教学思想、教学目标、操作程序、实现条件及评价方式等，具体内容如下。

（一）教学思想

作为体育教学模式的灵魂，教学思想是建立体育教学模式所应具备的基本理论与思想基础。也就是说，要想建立体育教学模式，就需要有一定的理论知识对其进行指导，在不同理论指导下所建立起来的体育教学模式是有所差异的。

（二）教学目标

在体育教学过程中，建立体育教学模式的目的就是更好地实现体育教学目标。如果没有体育教学目标，体育教学模式就没有存在的必要和价值。体育教学模式所能够达到的教学效果是体育教师对某项教学活动在学生身上将产生的效果所做出的预先估计。体育教学目标是具体化了的体育教学主题的表现，体育教学模式要以教学目标为核心，体育教学目标能够制约体育教学模式的其他结构要素。

（三）操作程序

教学环节或步骤就是体育教学活动中的操作程序。在体育教学活动中，操作程序主要指的是在时间上展开的逻辑步骤以及各逻辑步骤的具体做法等。无论是哪种体育教学模式，其操作程序都是独特的，是与其他教学模式不同的。操作程序虽然不是一成不变的，但一定是基本的和相对稳定的。

（四）实现条件

所谓实现条件是指在体育教学模式中所采用的策略和手段，它是对操作程序的补充说明，并能够帮助体育教师选择合理的、正确的教学方法和策略。人力条件、物力条件和动力条件三个方面是体育教学模式实现条件的主要内容。它具体包括体育教师与学生、学校的基础设施以及体育教学内容与时空等。

（五）评价方式

不同的体育教学模式所要完成的体育教学目标不同，所采用的教学程序和条件也存在差异。因此，不同的体育教学模式具有不同的评价标准和评价方式。每一种教学模式的评价标准和评价方法都是特定的，如果使用统一的标准进行评价，就会使评价不具备科学性，使评价结果失去说服力。例如，与标准化评价相比，群体合作教学模式的评价标准采用的是计算个人和小组总分的评价方式。

五、体育教学模式的分类方法

分类是研究教学模式的主要手段，集中反映了研究者对教学模式性质的基本认识，也直接体现了研究的内容和方法。对教学模式的分类方法都是围绕教学中的学生和教师两个方面活动强度的不同来进行的。现代教学理论认为，应该加强教学中学生的主体作用。

（一）按蕴含现代教育理论分类

体育教学模式蕴含着先进的教育理论、教育思想和教育观念，三者是构成体育教学模式的核心。依据体育教学内容和构架，体育教学模式可分为现代教学理论模式、素质教育理论、心理学理论模式、社会学理论模式、系统科学理论模式。

（二）按体育教学目标分类

体育教学目标经历了历史的演进过程，20世纪70年代以前从以技术传授为主到以增强体质为主，70年代提出学习技术、技能与增强体质并重的思想，80年代初期重视学生的能力培养，90年代提出知识、能力、素质同步发展的整体教育观念，今天，体育教学模式目标也随着时代的发展发生着变化，这一变化越来越表现在指向培养人才的目标要求上。按照体育教学目标理论，体育教学模式可以分为高素质教学模式、掌握技能教学模式、激发学习兴趣教学模式、自我健身体验乐趣教学模式、培养学生能力教学模式。

（三）按体育教学方法分类

教学模式被看作教学过程和教学方法的中介和桥梁，是教学理论向教学实践转化的途径和方法。教学方法的优化是体育教学模式研究的一个特征，教学方法按一定的理论指导，按确定的教学目标进行合理的组合，以发挥体育教学方法系统的整体功能与综合效果，是体育教学模式的一个重要因素。按照体育教学方法，体育教学模式可以分为运用现代教学技术学习模式、交互式学习模式、策略学习模式、资助学习模式、情景式学习模式、讨论式学习模式。

（四） 按教学组织形式分类

体育教学模式体系的建立对深化教学改革具有十分重要的指导意义，从体育教学模式研究的现状来看，体育教学模式的指导思想、教学的策略可以通过不同的教学模式得到反映。其意义在于指导体育教学实践，更好地为改进体育教学、提高教育教学质量提供可选择的模式库，这也是这类模式分类的意义所在。按组织形式分，体教学模式可分为技术辅导教学模式、集体学习模式、个别化学习模式、合作式学习模式、俱乐部式教学模式、课内课外一体化教学模式。

（五） 按照课的类型分类

归纳我国学者对教学模式理论的研究成果，大体上分为教学过程范畴和教学结构范畴，就其教学结构而言，是指事物各要素之间的组织规律和形式。所以，按照课的类型理论，体育教学模式分为理论学习模式、新授课学习模式、复习课学习模式、素质课学习模式、考试课学习模式。

体育教学模式不是"万能模式"，其发展必须同学校的培养目标协调统一起来。因此，我们必须把学校的实际情况作为体育教学模式选择的依据，以学生的主观兴趣为出发点，因材施教，注重学生的综合素质培养，努力提高办学的整体效益。

第二节　高校体育课内外一体化教学模式研究

高校体育课堂环境发生改变，体育课对高校学生身心健康有着重要意义。从课内外一体化教学的本质与特征出发，提出高校体育课内外一体化教学实践的价值，发现体育课内外一体化教学实践，整合体育课教学资源、拓展体育课教学空间并提高体育课教学实效，通过明确教学实践原则、建立教学实践方案以及把握教学实践注意事项的方式，让高校体育课内外一体化教学实践效果得到提升。

一、课内外一体化教学模式

（一） 课内外一体化的概念

所谓课内外一体化，就是在保证常规课程教学的基础上，有目的、有组织、有计划地开展课外活动，并将课外活动的情况按一定比例纳入学生的总分。课内外一体化教学模式体现在很多方面，它的主要优势在于：①将平时课堂教学、各类课外活动与动手能力纳入到学校教育的大系统中，形成一个相辅相成、相互促进的健康教育体系，更加注重课堂教学与课外实践相结合；②技术与理论、身体与心理练习相互促进，拓展了学生学习与实践的时间和空间，整合了现有的教学资源；③不同身体状况、不同兴趣爱好、不同思想认识的学生可以自主选择教师、课程内容、活动时间，从而使学生的主体作用和教师的主导作用得以充分发挥，这样学生和教师的主观能动性都得到最大的肯定。如此一来，不仅有利于教师加深对课程教学的科学认识，还有利于学生提高学习兴趣，同时对营造生动、活泼、轻松、和谐的课堂环境及课外活动氛围起到了重要的作用。

（二）课内外一体化教学模式的特点

课内外一体化教学模式是指坚持"健康第一"和"终身体育"的指导思想，以体育选项课和选修课为核心，结合课外体育活动、竞赛、训练等形式，让学生通过合理的体育教育和科学的体育锻炼过程，达到增强体质、增进健康和提高体育素养的目的，养成良好的体育锻炼习惯的一种体育教学过程。它与传统的体育教学模式相比有以下特点。

1. 自愿的参与主体

在课外体育活动中，学生始终是主体，教师只是起主导作用，这样学生就能主动学习，重视对运动的认知和情感体验，转变学习观念，充分调动主观能动性，有助于锻炼习惯的养成，培养终身体育的意识。参加课外体育活动的学生能根据自己的兴趣和爱好选择适合自己的运动项目，学生参与的自愿性大大提高了学生的学习积极性，变被动学习为主动学习，提高了学习效率。同时，参与课外体育活动的成员都有着共同的爱好，他们在一起开展活动、交流技艺、增进友谊，形成了团结友好的亲密关系。

2. 丰富的活动内容

由于不同的生活背景和经历，学生个体之间存在着差异，因此他们参与体育活动的动机呈现多样化。据调查，高校学生参加课外体育活动的动机主要有强身健体、丰富生活、释放压力和消遣娱乐，而且他们对体育活动功能的认识远远超出了强身健体的片面性，上升到心理层面的健康，如释放心理压力。学生参与体育活动的动机多样化决定了学生参与项目的多样化。学校根据学生的兴趣可以安排丰富多彩的活动，学生可以根据自己的参与动机选择与之相匹配的运动项目。体育课程课内外一体化教学模式的出现，使学生能够参与更多的活动，甚至可以弥补体育课的不足。

3. 灵活的组织形式

课内外一体化教学模式是以课堂教学为核心，但是其主要活动还是通过课外来实现的。体育社团或体育俱乐部就成了实现课内外一体化教学模式的载体。体育社团是由有着相同体育兴趣、爱好的学生自发组成的群体性业余团体，是以共同的观念、追求目标为基础，以体育运动为活动内容，以多种形式开展活动，学生自愿参加的组织，不像体育教学那样具有一定的限制性。体育社团参与的自主性和社团活动形式的灵活性为学生营造了一个宽松的锻炼氛围，使体育社团成为当前和未来学校体育课外活动的重要组织形式。

二、课内外一体化教学模式在高校体育教学中的应用

（一）课内外一体化教学模式的应用存在的问题分析

1. 课程设置缺乏创新

当前，高校体育课程的设置缺乏与时俱进的精神，没有紧随时代的发展需求把当下学生喜欢的课程如瑜伽、防身术等加进去，不能够满足学生的个性化需求，学生只能被动地选择现有的课程，从而难以引起学习兴趣。此外，在课内外一体化教学模式的实践应用过程中，学生执行力不强，参与度不高，使得教学效果不佳。

2. 缺乏资金支持

在课内外一体化教学模式的开展过程中，高校需要加强与校外体育俱乐部的合作，强化

学生实践训练。但高校在这一项内容上的资金投入比较少，不足以支持校外体育活动的开展，严重限制了教学模式的实践开展。一般情况下，除了学校的资金支持，社会企业也会赞助活动经费，但这种形式比较有局限性，难以支撑校外体育活动的全面开展。

3. 学生参与兴趣不高

随着社会的发展，社会竞争趋势日益激烈，社会对学生提出了更高的要求。学生为了提升自身技能，应对复杂的社会需求，把更多的时间和精力投入专业学习，对体育活动的参与兴趣不高。这种现象严重影响了课内外一体化教学模式的实践应用效果。

（二）课内外一体化教学模式的应用优化措施

1. 构建完善的体育教学体系

高校要注重构建完善的体育教学体系，强化必修课程和选修课程融合的模式，把课内外一体化教学贯穿于大学四年的公共体育教学的全过程。在满足大学体育专业课程教学的基础上，实现对高校学生身体素质及体育锻炼兴趣的提升，促进高校学生自觉进行体育锻炼，养成良好的运动习惯。高校可以采取综合性的考评机制，督促学生进行科学的体育训练，实现强身健体的教学目标。一年级，高校开设体育必修课程，强化基本的体育知识和体育运动项目的教学，增强学生对基本体育技能的认知，激发学生参与的兴趣，并以学分制的考评方式对学生的学习效果进行评价。二年级和三年级，由于学生已经掌握了基本的体育理论知识和训练技能，为了满足学生的个性化需求，高校可以开展体育选修课，让学生结合自身的需求和兴趣，自行选择喜欢的体育课程，并进行学分考核。四年级，高校充分发挥教育资源优势，与社会体育运动组织进行协调合作，在学生自愿的基础上，开展选修课，以校内外相结合的形式，开展篮球、足球、体操等全面的体育课程。学生可以结合自身的训练兴趣，自愿选择想要参加的项目。高校通过这种方式，让学生走出校园，参加社会体育运动活动，不仅拓宽了学生的运动视野，而且真正实现了体育理论知识和实践运动相结合，促进学生对体育技能的深化掌握，并对学生终身体育运动的意识和习惯的培养具有重要的推动作用。此外，高校要秉持以人为本的教学理念，对不适合参加剧烈体育运动的学生，开设太极拳、太极剑等相对舒缓的体育课程，以满足各类学生的个性化需求，实现人性化的教学模式。

2. 对教学内容进行积极创新

创新性教学内容，是展开课内外一体化教学模式的关键基础和前提。高校体育课程是一门综合性的课程，其对教学内容的要求较高，教学内容不仅需要具有一定的科学性和实用性，能够帮助学生在课程中锻炼身体，提升体质，而且需要具有一定的娱乐性质，能够活跃课堂氛围，激发学生的学习兴趣，并能够吸引学生在课外自觉参加体育运动项目，实现素质教育的教学目标。此外，更加重要的是，教师要把健康放在教学内容设计的首要位置，不仅要确保教学内容的健康，而且要保证在教学和学习过程中师生的安全；要紧随时代的发展趋势，满足学生的身心健康需求，传承传统体育运动项目的优秀之处，并进行积极的创新，形成完善的教学体系，促进高校体育教学的可持续发展。

3. 实现教学形式的多样化发展

随着时代的发展，高校学生的心理发生了很大的变化，对体育运动教学也提出了更加多样化的需求。在课内外教学一体化教学模式指导下，教师为了满足不同学生的个性化需求，改变以往统一性的教学形式，在学生自愿选择的基础上，进行多班级混合式教学及男女混合式教学。在实施具体的体育教学时，教师可以在了解学生身体素质及兴趣倾向的基础上，对学生进行分级教学；要充分尊重学生的主体地位，对学生的体育训练方向和过程进行积极的引导；要以课内教学为中心，对教学内容进行课外延展，确保教学内容的深度和广度；可以在学生掌握了一定的体育运动技能的基础上，对学生进行分小组训练，强化学生对知识的掌握，还可以联合校外的体育俱乐部，对学生展开实践训练，在实践中强化学生对体育运动的热爱；要对学生阶段性的学习开展灵活性的比赛考核，逐渐增加学生之间的交流互动，进一步了解和掌握学生的实际情况，以便为更加深层次的教学提供依据。

4. 开展体育网络理论教学

在现实中，高校课程的设置对体育课程的课时安排比较少。这种情况不仅影响学生的锻炼，而且不利于学生体育运动意识和运动习惯的形成，不能满足学生对体育运动课程的需求。在此背景下，网络体育理论教学应运而生，这不仅打破了体育教学的时空限制，而且符合当代高校学生的心理需求，满足高校学生的体育运动的个性化要求。学生可以通过计算机网络对体育知识进行全方位的掌握。网络体育理论教学主要以为学生提供更加优质的教育服务为宗旨，旨在培养高校学生的健康意识，进一步促进高校学生的身心健康。在开展网络体育理论教学时，教师要结合不同学生的不同需求和特点，开展具有针对性的教学课程，让各个层次的学生都能够进行全方位的理论学习。同时，教师要注重构建完善的网络反馈交流平台，使学生可以在学习的过程中，对遇到的问题进行及时的反馈。教师可以利用交流平台对学生的困难和问题进行解答，推动学生网络学习的顺利推进。教师可以通过这种方式了解学生的基本学习状况，并结合实际情况对网络课程设置进行进一步的优化，使学生学习更加方便。另外，良好的校园体育文化氛围，对培养学生的体育意识具有重要的推动作用，能够对学生产生潜移默化的影响。所以，教师要注重定期开展各种各样的体育活动，活跃校园氛围，对学生进行体育情感上的感染，提升其内在体育文化修养，激发其参与体育活动的积极性和主动性，为其身心健康发展创建良好的基础。

综上所述，课内外一体化教学模式在高校体育教学中的有效运用，不仅迎合了时代发展对高校学生教育的高要求和高标准，符合当代素质教育的目标，而且满足了高校学生的体育学习和训练的个性化需求，提升了体育教学的效率，增强了高校学生的身体素质和心理素质，对于促进高校学生的全面素质的提升具有重要的推动作用，使其更加符合社会发展的需求，并为其创建良好的发展空间。由此可见，课内外一体化教学模式具有良好的发展空间，高校要重视和加强对其的研究，正面应对应用过程中存在的问题，并采取积极、有效的措施，使高校公共体育教学有效开展，为增强高校学生的体质健康打下良好的基础。

第三节 高校体育生活化教学模式研究

体育生活化是当前社会发展的新模式，为人们的健康发展指明了方向，也为高校体育课程教学革新提供了契机。高校立足于体育课程教学，推进高校体育教学生活化模式，使高校学生从中获得健康乐观的心态，培养高校学生终身体育意识，实现高校体育课程教学实施价值。

一、体育生活化教学概述

（一）生活化教学

所谓生活化教学是将教学活动置于现实的生活背景之中，从而激发学生作为生活主体参与活动的强烈愿望，同时将教学的目的要求转化为学生作为生活主体的内在需要，让他们在生活中学习，在学习中更好地生活，从而获得有活力的知识，并使情操得到真正的陶冶。

（二）体育生活化教学

体育生活化教学是将生活作为体育教学的组成部分，并在教学中形成体育生活化的模式，主要是从时间、空间、情感等方面进行体育教学。时间层面，将体育教学从原来不是日常开设转变为日常锻炼，让学生养成能够日常锻炼的良好习惯。空间层面，将体育生活化教学转移到学生日常生活中，以生活中的各项活动为载体让学生参与到各种体育项目的锻炼中。情感层面，体育生活化教学注重让学生积极主动地参与其中，让学生在参与过程中具有愉快的情感体验，并能够获得一定的满足，最终实现较好的体育教学效果。

二、高校体育生活化特点

（一）体育锻炼的自主性

高校体育生活化教学的实施，具有体育锻炼的自主性特点。高校体育生活化需高校学生随机、自主、有组织性地参与体育课程教学中，通过体育锻炼、体育实践，促进高校学生对体育信息、体育技能的掌握及提升，以此实现高效的高校体育生活化实践模式。而在高校体育生活化实践中，要想使高校学生主动地参与其中，应实现体育课程教学的多样化、自主化、全民化，提升高校学生体育锻炼的兴趣及能力。

（二）体育锻炼的日常性

高校体育课程在向高校体育生活化转变进程中，凸显体育锻炼日常特点。在社会发展进程中，人们逐渐认识到健康对自身发展的重要性，通过体育锻炼，人们能够实现身心健康成长。在此背景下，高校体育教学应与时俱进，开展高校体育生活化模式，给予高校学生针对性引领，使高校学生热爱体育锻炼，并将体育锻炼培养成为自身生活行为与生活习惯，在日常生活中进行常规的体育锻炼，以此促进高校学生全面发展。

（三）体育锻炼的多样性

高校体育生活化具有体育锻炼多样性特点。因高校学生存在个体差异性，故而高校学生体育兴趣、体育能力、体育技能也不同，这就需要体育锻炼、体育教学实践向多样性方向发展，以体育项目活动加强对高校学生的引领，激发高校学生体育参与热情，使高校学生热爱相关体育活动，通过体育活动达到心情舒畅的目的。

三、高校体育教学中引入生活化教学模式的必要性分析

（一）完善体育价值理念

高校体育生活化的开展对象主要是高校学生，成为高校学生体育活动的重要组成部分，以此引导高校学生形成正确的体育价值观念。参与体育活动已经成为高校学生的日常习惯，高校的体育场所设施能够满足学生的日常需求。高校体育生活化教学模式对学生来说能够更好地实现价值理念，提升体育教学效果。

（二）提高学生的认识

在高校教学中引入生活化教学模式，可以让学生认识到体育教学的重要性和体育教学的影响及作用，进而转变学生对体育这门学科和体育活动本身的作用和意义的认识，让学生可以形成正确的体育观念，对体育有全新的认知和态度。同时，在体育教学中引入生活化教学模式，也可以让学生在日常生活和学习中运用到相关的品质，如艰苦奋斗、自律、团队协作等这些品质都是可以在体育活动当中培养出来的，在生活当中应用这些品质可以让学生更好地学习和生活。高校学生处于一个十分特殊的时期，很多学生选择在毕业以后步入社会工作和生活，如果没有树立良好的团体意识和价值观，学生可能很难融入社会，进而需要花费更多的时间去学习和适应。高校在体育教学中融入生活教学可以让学生更好地树立价值观，进而在以后可以更好地融入社会。除此之外，身体是革命的本钱，学生如果没有较好的身体素养，也难以更好地学习和生活。高校通过生活化体育教学让学生认识到体育的重要性以及体育的学习方式和体育活动的开展方式，让学生可以不断地锻炼身体，促进学生身体素质的提升。

（三）完成教学目标

在传统的优秀观念引导下，很多学生往往更加注重对专业知识的学习和研究，忽略了身体和思想上的引导，而生活化体育教学主张在日常生活中处处体现体育活动，将体育活动与学生的生活和学习紧紧地联系在一起，这样学生可以通过各种方式来不断地完善自己的身体素养，让身体素质得到进一步提升，身体素质得到了提升也就完成了相对应的体育教学目标。同时，体育观念的形成是体育教学中的一个重要目标。

四、高校体育生活化教学模式的构建

（一）丰富课程内容，体验体育多元化功能

高校体育生活化教学模式需要制定和完善课程体系，将课内和课外课程体系联系起来，完善体育健康理论的同时，还要注重信息化建设，通过丰富多彩的体育活动开展教学，深化教育教学改革。高校通过不同方面完善体育教学内容，针对教学理念实施教学改革，提供相应的服务，提升学生进行体育生活的主动性，强化其体育意识，以此实现高校体育生活化教学模式。

（二）强化健康理论，提升体育锻炼意识

丰富健康理论，强化高校体育生活，让学生感受到体育生活的重要性，开设主题为"体

育生涯"的体育课堂教学。将基础理论知识教学和专业知识结合起来，充分发挥理论知识在体育教学中的作用。在线学习系统是教师开发的自主学习系统，学生在系统中可以学习丰富的理论课程内容，对学习资源进行充分利用，更好地实现教学效果。体育课堂教学还要通过在线测试的形式，了解学生自身的学习情况，并对学生的学习情况进行反馈，这在一定程度上完善了体育教材内容。高校体育根据具体课程内容将健康理念渗透到教育教学中。学生在学习中通过对体育健康的内容进行系统学习，增强自身体育意识，学习积极性也能够得到极大的提升。

（三）完善体育设施，改善教学环境

体育活动的开展需要借助场地和器材，在没有相对应的体育器材情况下，很多教学模式和教学手段都会受到客观条件的限制而无法落实，为了更好地提高体育教学的质量和效率，学校应该不断完善相对应的运动器材。例如，在现阶段高校体育教学中，教师带学生绕操场跑圈之后就让学生自由活动了，但是学生借不到篮球足球羽毛球等运动器材只能在操场上闲逛，为此学校可以建立篮球、羽毛球等场地，并购买一定数量的篮球足球羽毛球等运动器材，在物质资源得到了丰富之后学生才可以有更多的运动项目在自由活动期间进行，同时这些器材的引入可以让学生在日常生活的闲暇之余做一些相对应的练习，为学生的生活化锻炼提供物质基础。

学校可以专门设立一个器材室，由专门的教师对物资进行管理，每一次器材的外借都记录在案，这样既保障学生有足够的器材使用，也防止器材的丢失和损坏，为学生生活化锻炼提供物质基础。

（四）注重信息化建设，体现体育服务理念

高校体育生活化教学要注重信息化建设，以此提升服务质量。高校体育教学本身存在一定的特殊性，最终导致学校管理系统对其的管理存在一定的难度。高校体育教学要注重对信息化设备的运用，为开展体育教学提供相应的服务，完善体育教学管理系统。体育教学管理系统的设定要满足实际教学需求，可以从教师、学生、管理员等多个角度进行管理。此外，高校应注重考核系统的构建，将课堂考核、体质测试等结合起来，发挥高校体育教学信息化平台的优势。学生可以利用各种软件提升自身体育素质。

（五）创新教学方法，拓宽教学思路

高校体育生活化教学要采用多样化的教学方式，在教育教学中，教师用言语进行教学时，讲解要尽可能地做到形象生动，激发学生学习的注意力，调动学生的积极性。教师要善于从生活角度选择学生比较感兴趣的素材开展体育教学，通过丰富多彩的形式将体育教学和生活实际结合起来，激发学生体育学习探索的积极性。此外，教师还要注重体育生活化教学情境的创设，不仅是创设外在环境，还要能够结合知识背景，构建学生感兴趣的体育学习情境，在情境中学生通过主动积极参与，动手操作，获得较好的学习效果。

第六章 高校体育教学管理改革科学探索

第一节 高校体育教学管理的基本理论

一、体育管理学基本概述

（一）体育管理学的学科性质

1. 体育管理学是一门具有双重属性的交叉性边缘学科

体育管理学是用管理科学的知识来观察和解决体育领域的问题，表现为管理科学与体育科学的交叉。因此，我们应该从认识体系与方法体系两个方面对交叉性做进一步探讨。

就认识体系的交叉性而言，除系统哲学的影响外，体育科学体系中各个层次的众多科学理论，是构筑体育管理学认识体系的主要基础。体育是一种特殊的人类文化现象，有独特的、不同于其他领域的特点。对体育领域问题的探讨，我们必须从体育领域特有的视角出发，抛弃和背离了这一基本点，就不能发现体育活动的本质规律。一个对体育实践一窍不通的管理者，即使是一个成功的管理者，也难以在体育领域取得成功。我们更无法想象以企业管理的认识来看待体育训练会是一种什么样的结果，但在坚持体育科学主导地位的同时，管理科学显然对体育管理学认识体系的构建提供了必要的补充。管理科学为体育工作者提供了观察、认识和解决体育领域问题的另一条途径，改变着人们对体育现象的传统看法，丰富了体育管理工作者的认识体系。因此，体育管理学的认识体系，表现为以体育科学认识体系为主导的，体育科学认识体系与管理科学认识体系的有机交叉。

就方法体系的交叉性而言，现代管理科学体系中不同层次的科学理论、方法和技术构成了体育管理学的最基本的方法学基础。离开了管理科学丰富的、已被实践证明有效的方法体系，体育管理学就无法取得进展。与此同时，必须看到，人们在体育实践过程中总结出来的对体育实践行之有效的管理方法，如对场地器材、运动训练的管理等，是主要对工业和企业进行管理的现代管理理论所不具备的，它们同样是现代体育管理学的方法体系来源之一。

因此，在方法体系上，体育管理学则表现为以管理科学方法体系为主的，是管理科学方法体系与体育科学方法体系的有机融合。体育管理学构建于体育科学和管理科学的有机交叉与融合之上。这种构建绝不是将管理学的知识全盘移植到体育中来，也不是体育知识与管理学知识的简单堆砌，而是从两者提供的丰富认识体系与方法体系中合理挑选、科学加工后的有层次的构建。

2. 体育管理学是一门综合性科学

虽然体育管理是一种人类社会实践活动，但仅用社会科学的知识来解决体育管理问题显然是远远不够的，还必须借鉴自然科学、思维科学、人体科学、系统科学等众多领域的研究成果。只有综合运用多个学科的知识，才能揭示和反映出体育现象的复杂规律，才能取得满意的效果。例如，对体育场馆、器材的管理，追求的是如何利用最少资源取得最优效果的过程，显然要借助于数学等自然科学的知识；对运动员训练过程的控制，则应该以人体科学的研究成果为基础；而对运动员运动智能的训练管理，又应该参考思维科学和心理科学的最新进展；体育管理的目标是整体效果，追求"$1+1>2$"的整体观，而这显然又是系统科学的研究范畴。因此，体育管理涉及自然科学、社会科学、思维科学、人体科学、心理科学和系统科学等众多学科的内容。从这个意义上来讲，体育管理学的学科基础表现为更广阔范围上的综合性。

3. 体育管理学是一门独立的学科

体育管理学具有特定的研究范围和研究对象，它具有一系列含义清楚明确的概念，具有经过实践检验证明其正确的原理和原则，能够形成一个完整的比较严密的理论体系，而最根本也最重要的是它能反过来指导人们的实践，并使人们顺利地达到预期的目的。尽管在内容体系上与其他许多学科有交叉，如体育经济学、体育营销学、体育产业等，但这并不妨碍体育管理学成为一门独立的管理学二级学科的地位，因此，它是一门独立的学科。

4. 体育管理学是一门软科学

体育管理学研究的是体育系统的运行和演化规律，研究如何协调人力、财力、物力等各种硬件资源。充分发挥其潜力，可以营造和谐的管理气氛和发挥集体力量，以取得最好的教学效果。因此，体育管理学应该从属于软科学的范畴。

软科学是相对于硬科学来说的。在社会系统中，同样存在着"硬件系统"和"软件系统"，前者主要是指人力、物力、财力等可视因素，后者则主要是指权力、信息以及权力、信息的运行所构成的管理活动。软科学是综合运用自然科学、社会科学、人文科学以及数学的理论与方法，解决由现代科学、技术生产的发展而带来的各种复杂社会现象和问题，从而为经济、社会及科学的协调发展提供决策方案的新兴学科。体育管理学以多门学科作为学科基础，研究的是体育这一社会现象的运行和演化规律，价值取向是为体育事业的协调发展提供决策方案。从这层意义而言，它从属于软科学的范畴是明显的。但必须注意的是，软科学并不等于体育管理学只运用定性的"软方法"研究"软系统"问题，软科学要有"硬功夫"。体育管理学既研究如何协调人们在共同体育实践中的关系，以便创造和谐的管理氛围和发挥集体力量的问题，即探讨体育"软系统"的规律，研究如何合理配置物和财，以取得最好的效果，探讨体育"硬系统"的规律。对体育"软系统"的管理，追求的是"满意"的管理效果，采用的方法以软系统研究方法为主，如对体育课的教学过程管理、对运动训练过程监控等问题，人们没有对最优结果的判别标准，从而也就无法得到最优结果，管理过程是一种追求管理者和被管理者都能"满意"的过程。而对体育"硬系统"的管理，如对场地、器材的管理，体育资金的管理，体育产业的管理，等等，追求的则是最优的管理效果，采用的方法也以精确的、严密的、规范的和逻辑的定量科学方法为主。

虽然体育管理学是一门软科学，但并不是说体育管理学只对软系统问题进行研究。在体育管理学的研究范围内，既有对体育课的教学过程管理、对运动训练过程监控等"软系统"的管理，也有对体育人力、财力、物力的管理。因此，体育管理学作为软科学，也应该具有"硬功夫"。

（二）体育管理学的学科结构与学科位置

1. 体育管理学的学科结构

学科结构反映的是一门学科各组成部分之间的相互关系。从内容上看，虽然体育管理学包括体育行政管理、体育信息管理、竞技体育管理及学校体育管理等，但每一部分的管理效果又都以管理职能的实现与否作为其评判标准，因此体育管理学还必须关注管理的职能。与此同时，考查管理活动必须注意到层次性，不同层次上的管理内容与职能及其实现显然是不同的。据此，我们认为，体育管理学的学科结构可由图 6-1 所示的三维结构组成。

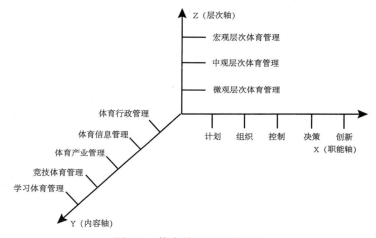

图 6-1　体育管理学学科结构

该结构以职能轴（计划、组织、控制、决策、创新）、内容轴（体育行政管理、体育信息管理、体育产业管理、竞技体育管理和学校体育管理等）及层次轴（宏观层次体育管理、中观层次体育管理和微观层次体育管理）为其三维，三者所决定的立体空间就是完整的体育管理学。由图 6-1 可知，体育管理的各项职能，贯穿于体育管理的各分支之中，体育管理的每一具体分支，都以体育管理职能的实现作为其存在与发展的外显方式。职能轴与内容轴所共同决定的平面，体现的正是不同层次的体育管理。再考虑到宏观、中观与微观 3 个管理的层次，这一三维结构图便构成了整个的体育管理学。该三维结构中彰显的是层次、内容和管理职能，暗隐的则是起支持作用的体育管理的理论和方法等，它们是空间中任一点实现的基础，均是为了实现该三维结构中不同层次的体育管理的某一内容的职能而服务的。

2. 体育管理学的学科位置

依据钱学森先生对现代科学技术体系的矩阵式结构划分，我们认为，体育管理学在整个科学体系中的位置如图 6-2 所示。

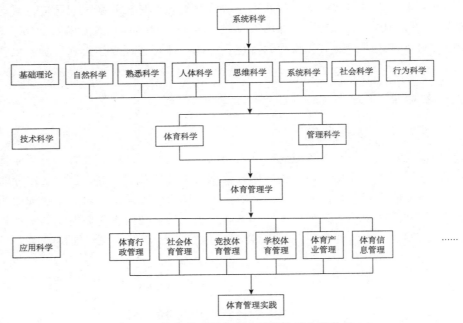

图 6-2　体育管理学在整个科学体系中的位置

图 6-2 表明，体育管理学包括体育行政管理、体育社会管理、竞技体育管理、学校体育管理、体育产业管理和体育信息管理等多项内容，属于应用技术学科层次。它以系统哲学为指导思想，以基础理论、自然科学、数学科学、人体科学、思维科学、系统科学、社会科学、行为科学等多学科为理论基础，运用控制论、运筹学、模式识别等多种技术科学，对体育实践进行管理，是承接理论与实践的重要桥梁。

(三) 体育管理学的研究内容

1. 研究中国体育管理的历史

只有了解过去，才能理解现在。不研究历史，就难以抓住体育管理的实质；不抓住实质，就无法掌握体育管理的规律。只有了解过去和现在，才能正确地指导现实和预见未来。因此，我们必须加强对体育管理历史的研究，总结经验和教训，探索历史上体育管理发展的规律，以便正确地指导现实的体育管理实践。

2. 研究体育管理的基本原理

原理是对现代管理活动的实质及其基本运动规律的概括。在体育实践活动中遵循这些规律，对于提高管理效益，实现管理目标，具有十分重要的意义。

3. 研究体育管理的职能

职能主要包括制订目标、组织实施和评估效果等。为使管理的原理、原则在管理的各个环节中更好地发挥作用，必须对管理的职能做具体分析、深入理解和认真研究。体育管理的职能主要有计划职能、组织职能、领导职能、控制职能。

4. 研究管理的方法和手段

任何管理任务的完成和目标的实现，都离不开有效的管理方法和手段。离开了管理的方法手段，任何管理工作都将成为一句空话，管理方法主要有行政方法、法律方法、经济方法和宣传教育方法。

5. 研究管理的要素

研究管理的要素，即研究怎样开发和利用人力、财力、物力、时间、信息等要素的问题。将这些要素科学地、有机地组合为最佳运动状态，是实现管理目标的关键。

6. 研究体育部门的业务管理

体育部门的业务管理主要是指群众性体育活动、运动训练和竞赛、学校体育等工作。体育事业的发展程度取决于这三方面工作的发展水平，因此，必须加强这几方面管理的研究工作。

（四）学习体育管理学的意义

体育管理学是体育事业持续发展的动力源泉。体育事业的不断发展，体育规模和范围的不断扩大，体育内容和管理难度的不断加大，体育管理学的重要性已越来越凸显，正在被越来越多的人所认识，学习体育管理学有着非常重要的意义。

1. 学习体育管理学有利于提高工作效率和综合效益，促进体育事业的发展

有的学者认为，管理与科学技术是推动现代社会经济高速发展的"两大车轮"。越来越多的人认识到，成功在管理，失败还是在管理，管理已成为"兴国之道"。当今世界面临着一个"经营与管理时代"，决定命运的是管理，管理做好了，各项工作都可以做好。

体育管理学来源于体育管理工作实践，通过对实践的总结、分析，升华为理论。体育管理学就是在不断的实践中得到逐步充实、逐步完善的。反过来，体育管理理论又用来指导体育工作实践。体育工作没有理论指导是不行的，同时，在实践中又进一步检验理论的正确性。

2. 学习体育管理学能加强体育管理人才培养

体育竞争、科技竞争，归根结底是人才的竞争。体育管理人才是整个体育人才队伍中至关重要的、不可缺少的组成部分。一个单位、一个部门的管理者，尤其是领导者的水平、素质往往成为决定这个单位、这个部门工作成效和发展前途的关键。中国体育管理人才队伍的建设，近些年来有了长足进步，整体素质有了较大提高。但是我们也应看到，中国体育管理人才队伍中还存在不少问题，有的思想素质不高、事业心不强；有的文化水平较低；有的未经系统的专业学习，没有学习过体育管理的理论、知识；等等。

当前，对于体育管理人才的培养需要注意的是：加强体育管理的理论、知识学习，掌握体育管理的一些基本原理、原则、方法，并善于在体育工作实践中灵活运用；学会调查研究，发扬民主，进行正确的决策；学会科学地组建机构，建立规范、完善的法规制度，依法行政，依法管理；懂得管理的核心是协调，树立以人为中心的管理；掌握控制的基本方法和形式，不断提高体育工作效果；树立创新观念，在体育工作实践中创新思维、创新工作。

3. 学习体育管理学是实现"两个计划"目标的需要

"全民健身计划"和"奥运争光计划"是对中国体育工作的基本任务、基本内容、基本措施的体现，"两个计划"实施的情况如何，将直接影响中国体育工作任务的实现。"两个计划"均涉及因素繁多的、巨大的系统工程。"两个计划"中每一个目标的实现、每一个步骤

的进行，均需要周密的筹划、科学的管理。"两个计划"目标的实现，需要我们广大体育工作者特别是体育管理干部，认真学习体育管理理论、知识和方法，提高管理水平、管理工作效率。管理是人类社会发展到一定阶段的必然产物，它是推动社会政治、经济、文化发展的重要因素。体育管理是体育管理者对管理客体通过计划、组织、领导、控制等职能，协调他人的活动，实现既定目标的活动过程。

4. 加快和深化体育改革

对体育领域来讲，如何建立适应社会主义市场经济体制的体育体制是一个新的课题，如对体育管理体制、训练体制、竞赛体制、群众体育体制、体育产业、体育资金的筹措和调配方式等的改革应如何进行的问题，都已摆在我们面前。要深化改革，加快改革的步伐，探索发展体育事业的新路子，迫切需要加强对体育管理学的学习和研究。只有在体育管理科学理论指导下，遵循体育管理的基本原理和原则，运用科学的方法和手段，才能促使体育改革健康深入地发展，从而把握机遇，开创体育工作的新局面。

二、高校体育教学管理的内涵与特点

（一）高校体育教学管理的内涵

高校体育教学管理是指高校体育管理者对高校体育教学进行科学管理，使整个高校体育教学流程更加制度化和规范化的过程。其目的是提高高校体育教学质量，顺利完成高校体育教学任务，最终实现高校体育教学目标。

高校体育教学管理不但具有管理性的特点，而且担当了相当重要的体育课堂实施的辅助角色，所以高校体育教学管理者不但要积极学习更先进的体育教学理念和管理方法，而且要积极进行创新性融合。当然，高校体育教师也应当积极配合体育教学管理人员，积极采用先进的教学思路和模式，适应时代的发展，只有这样才能完成高校体育教学的目标和任务。

（二）高校体育教学管理的基本特点

1. 高校体育教学管理具有很强的综合性

高校体育教学管理要对教学要素中的教师、学生、教学场地、教学器材、教学文件及教学进度等进行综合管理，因此具有很强的综合性。如果对以上教学管理中的任何一个要素管理不善，都有可能会直接影响整个高校体育教学的顺利开展，从而影响教学质量。

2. 高校体育教学管理的过程有着极强的连贯性

高校体育教学管理的过程本身是一个完整连贯的体系，所以对高校体育教学进行管理也必须遵循这个体系。也就是说，管理要循序渐进，不能脱节，否则很难保证有较好的教学秩序，更不能保证良好的教学过程。

3. 高校体育教学管理具有及时的反馈性

及时的反馈性是高校体育教学管理的一个显著特点，因为高校体育教学环节基本在室外进行，涉及的各种教学要素比较多，会受到各类因素影响。所以在整个高校体育教学实施过程中，教师和管理者都必须及时获取来自各方面的反馈信息，然后根据实际情况及时调整，这样才能保证高校体育教学的顺利开展，从而大大提高人力、物力、财力及体育场地和体育器材等的利用效率。

第二节 高校体育教学管理的具体内容

一、教学管理

体育教学管理是指按照体育教学规律和特点，对体育教学工作进行的计划、组织、控制的过程。它以不断提高教学质量为目的，实行全过程性管理。

（一）制订体育教学计划

开展学校体育教学工作源于教学计划的制订。如何制订教学计划？其主要依据是：第一，教育部颁布的《体育与健康课程教学指导纲要》和《体育与健康课程标准》；第二，现有体育师资状况；第三，学校现有场馆器材条件；第四，以往学生体育教学测评统计资料。

在分析制定教学计划依据的基础上，还要注意制订教学计划的程序，否则就会产生带有先天缺陷的主观产物，这种计划不仅难于顺利实施，还会直接影响组织目标的实现。为此要分析现有因素，科学预测；区分教学层次，确立各种教学目标（普修学生的教学目标、选项学生的教学目标、保健学生的教学目标）；拟订多个为达到教学目标可供选择的行动方案，而不是单一的方案；科学决策，优选、优编最佳方案；正式编制教学计划。

（二）组织体育教学

管理的组织职能贯穿于体育教学的全过程。没有科学、严密的组织工作，就无法完成体育教学预定的目标任务。体育教学的组织过程，就是围绕教学目标对人、财、物、时间、信息等因素的配置和调整。根据管理组织职能所包含的内容，首先要按照学校类型、规模大小，建立类似于高校现行组织管理模式的体育教学部（教研室）、教研组、专项组以及与之相配套的场馆器材室等学校体育组织管理机构；其次要对每一层次人员进行职权分工，确定职责范围，明确各层次或横向间的协调关系；再次，优化配置各层次组织管理人员，做到人尽其才，如哪位教师可以做室主任、哪位教师可担任健美操课、哪位教师可做某一项目的学科带头人等；最后，建立各层次体育教学管理规定，做到有规可循、有章可依，如制定体育教学考勤规定、教法研究规定、体育课考试管理规定、器材借用规定、教案检查评比规定等。

在体育教学组织管理层次中，体育教师是实践体育教学组织管理的最基层成员。他们所从事的每堂体育课教学都离不开组织管理职能的发挥，否则就无法组织一堂成功的体育课教学，但在以往的组织教学管理中，体育教师经常把自己视为一名管理者。

（三）控制体育教学

体育教学目标的实现，体育教学计划的执行，关键是对体育教学过程进行针对性、适时性、客观性、灵活性、经济性和特殊性的控制。

现实教学过程中原有的教学计划往往与现实情况发生矛盾。比如，体育课某一考试标准可能定得过高，大部分学生完成困难；也有可能会出现教学过程中的场馆器材条件不能满足教学需要；还有可能由客观原因造成某一个单元的体育课多次连续缺课，使该教学计划无法按原课时数完成；等等。如果以上教学过程中所出现的与计划不符的问题，不能被及时发现和反馈，教师就无法发现偏差、找出原因、采取措施、消除问题，进而影响教学目标的实现。

控制的职能发挥同样需要建立在一定的机构基础上，仅在体育教学的控制过程中，控制机构可与体育教学部、教研组、器材室等组织机构合而为一，即赋予同一组织机构多项管理职能。但控制职责必须明确，责任到人。学校课外体育活动作为学校体育课的延伸，在完成课外体育竞赛任务和达标测试工作中，完全可以仿照体育教学管理的方式运营，或者可直接依托于体育教学管理组织机构，但需制定学校课外体育活动管理规定。

二、训练竞赛管理

学校课余训练竞赛是学校体育工作的有机组成部分。它不仅能为国家培养和发现优秀体育后备人才，而且能活跃学校的课余文化生活，培养一大批体育骨干积极分子，达到促进学校体育工作发展目的，对推动校园精神文明建设也将产生积极影响。为此，重视和加强学校课余训练竞赛工作，是提高学校体育工作整体水平的重要内容之一。

（一）选择运动训练竞赛项目

在一所学校选择哪一项或几项运动竞赛项目，一方面要受到该学校客观条件的限制（如场馆设施、教练员情况、资金情况），另一方面也受到学校所在地区项目生源的影响（某一项目的选材有无资源和基础）。遵循学校教育规律和运动训练竞赛规律，我们不可能在一所学校选择所有运动竞赛项目。那么，在这种情况下，我们就需要根据学校的运动训练竞赛发展目标的要求，从众多竞赛项目中做出选择和取舍。这一过程也叫作对竞赛项目的选择或"决策"。

（二）建立训练竞赛管理体制

学校课余训练竞赛管理，既要遵循运动训练竞赛规律，又要符合学校教育规律的要求。所以，建立学校课余训练竞赛管理体制，是发展学校运动训练竞赛工作的基础。为此，首先要建立学校课余训练竞赛管理机构；其次要明确学校课余训练竞赛管理机构各层次、各部门的职责要求，如教务处负责运动员招生和学籍管理，体育部负责运动员的训练与竞赛以及场馆器材保障，团委（学生处）负责运动员的思想政治工作，财务处负责运动队经费问题，校医院负责运动员的伤病治疗和康复，等等；最后要制定严格的学校课余训练竞赛管理规定，如学籍管理规定、招生管理规定、训练竞赛补助规定、运动服装管理规定、竞赛奖励规定、教练员训练竞赛要求等。

（三）制订训练竞赛计划

学校课余训练计划要围绕实现竞赛目标而制订。其主要依据是：遵循学生不同年龄阶段的生长发育规律；遵循不同年龄组教学训练大纲的要求，注意素质敏感期的基本能力发展，科学地安排运动负荷；课余训练总体上类似于基础训练，不与职业训练、专业化训练一致；课余训练的受训对象必须接受国家规定的学校教育，而且有间断性。在充分认识课余训练计划制订依据的基础上，编制多年训练计划、全年训练计划、学期训练计划、周训练计划，每位教练员还要写好每次课的训练课教案。

学校体育竞赛计划是一所学校体育竞赛管理活动的起点和依据。其主要制定根据是：统筹兼顾，既要考虑校内竞赛计划日程，又要考虑地区竞赛计划日程，还要考虑省市乃至全国竞赛计划日程；从实际出发，制订校内竞赛计划，要充分考虑学校的规模、场馆器材设备条件、传统项目特点；区别对待，制订学校竞赛计划要清楚，重点突出，不可将每项竞赛活动均统一规模、统一要求；平衡安排，制订学校竞赛计划要考虑每学期都能有竞赛活动，并且使大小活动均衡分开。

学校年度体育竞赛日程计划是对学校学年、学期的竞赛活动所做的统一规划安排。学校年度体育竞赛日程计划的内容一般包括体育竞赛的项目、种类、时间、地点，参赛单位，参赛人数和主办单位，等等。

学校年度体育竞赛日程计划是在校领导的领导下，由体育教学部（室）根据有关部门的竞赛计划和规定，按照本校教育工作计划的安排和实际情况，经与有关单位或部门协商后制订，报校领导审查批准后执行。

三、体育科研管理

学校体育科学研究的管理范围较广，涉及组织机构、目标、人、财、物、效果等诸多因素。加强学校体育科研管理的目的在于有效地组织开展学校体育科研活动。提高科研管理水平，对实现上述因素的整体优化、调动广大体育教师从事科研的积极性、提高科研效率、获得最佳研究效果、提高体育教师的素质，都会产生积极的作用。

学校体育科研管理的内容主要包括：制定体育科学技术政策；选择制订体育科研计划；科学地组织学校体育科研队伍，并按科研工作需要和个人能力组织科研人员；建设相应的研究室、实验室、课题组；为学校体育科研工作提供必要的物资条件；提供体育科研工作所需的图书与情报资料；加强研究人员的培训工作；组织成果鉴定、推广和评奖；等等。

（一）　制订学校体育科研计划

学校体育科研工作因受长期的认识限制、条件限制，而呈现滞后于体育教学实践工作的现象，尤其是我国普通学校更为明显，即便是我国体育院校也未能成为主宰我国体育科学研究的主力军。从宏观方面讲，实施"科技兴体"战略，围绕科技工程重点，加强基础研究和应用研究工作固然重要，但是作为学校体育科研计划的重点，我们还应该注重对学校体育课题的研究与分析，探究中国学校体育教育的教育思想，研究体育教育与素质教育的关系，探讨改进教学方法与教学手段对提高体育教学质量的影响，等等。鉴于目前学校体育科研工作所处的状态，我们应该有针对性地启动和指导广大普通学校体育工作者在从事体育教学实践工作的同时，开展学校体育科研工作。下面重点围绕如何制订学校体育科研计划以及在制订计划时应主要抓好哪些环节进行叙述。

（1）做好学校体育科研计划与体育科研规划的衔接。任何科研计划都不可能孤立地产生和存在，它势必纵向、横向地与其他体育科研规划交织在一起。这就使得每一项科研选题都要紧扣国家、省部、地区及协会组织的科研选题纲目。此外，规划的战略目标要与计划的阶段性指标协调统一。

（2）客观真实地分析单位或相关研究范围内（课题组）的科研人员力量、人员结构层次和人员知识结构状况，是制订学校体育科研计划的基础。计划可以从小到大、从局部到整体的顺序制订。

（3）实事求是地分析体育科研计划，看学校是否具有相应的科研仪器、设备等条件。

（二） 加强学校体育科研组织

学校体育科研工作，不像学校体育教学管理、行政事务管理、场馆器材管理等工作那样经常化。但是，要完成学校体育科研工作，必须加强对学校体育科研组织的管理。

1. 设立学校体育科研机构

学校体育科研机构的设立随科研项目、课题来源的不同而不同。一般应由科研项目、课题批准部门作为最高管理部门，学校科技处（社科处）和体育教学部（室）均应根据学校有关科研管理政策加以管理，项目、课题负责人为具体管理者。

2. 明确学校体育科研职责

学校体育科研职责权限，同样因项目、课题来源的不同而不同。但其主要职责应由项目、课题负责人承担，项目、课题负责人对研究成员进行具体分工。但是任何体育科研课题都需要划分为课题前期管理、中期管理和后期管理三个阶段。各阶段的管理要求也有所区别：前期管理要"推"，中期管理要"紧"，后期管理要"狠"。

3. 建立学校体育科研管理制度

制定学校体育科研工作管理规定，一方面是为了保证项目、课题任务的顺利完成，另一方面是为了鼓励和约束广大体育教师自觉主动地参加体育科研工作。除了按照国家、地方科研管理部门颁布实施的有关科技法规制定本单位的相应规定之外，还可以结合学校人事分配制度改革（岗位津贴），制定体育教师岗位职责和体育科研工作任务，明确科研奖惩管理规定。

（三） 加强学校体育科研控制

体育科学研究是探索未知的开拓性工作，在科技发展和科学研究的过程中不定因素较多，因此在执行科研计划的过程中，应根据具体情况及其变化，及时向上级申请修改与调整计划。对项目、课题在研究过程中出现的新情况，要及时地进行人员调整和重组。对经费的分配也应根据项目、课题进展中的新情况及时地进行调拨和再分配。对科研仪器设备也应根据需要进行更换或配备。

科研控制尤其要重视对项目、课题研究进度的监管；对阶段性研究成果要及时与项目、课题研究目标进行分析、比较和对照，及时发现问题，分析原因，尽早采取措施，以确保项目、课题研究工作顺利完成。

在科研控制过程中，项目、课题负责人负有重大责任。

四、体育师资管理

体育教育目标得以实现、体育教学质量得以保证的关键因素在教师。是否拥有一支思想作风过硬、业务素质精良的体育师资队伍，是决定学校体育工作成败的关键。因此，加强对学校体育师资队伍的管理，是保证学校体育工作顺利开展的重要环节。那么，加强对体育师资队伍的建设包括哪些内容呢？以往的做法是重视了对教师的使用，而忽视了对教师的培养，而目前的体育师资队伍建设必须做到二者并重。从古代孙子的"兵众孰强？士卒孰练？""士不先教，不可用也"的指导思想，到现代人事管理的"不教不用，用养并重"的管理原则，均说明了教师接受继续培养的重要性。

明确体育教师的工作职责。明确体育教师的工作职责是加强体育教师管理的基本环节，也是对体育教师进行培养、考核和奖励的重要前提。体育教师的工作职责主要包括：第一，认真完成各项工作任务；第二，努力钻研教材，不断改进教法，做好课前一切准备（包括撰写好教案），认真上好每一堂体育课，不断提高体育教学质量；第三，积极参加课外体育活动组织工作（早操、课间操、达标测试），并对学生予以指导和检查；第四，组织开展学校课余运动训练活动，积极培养后备运动人才，不断提高学生的运动技术水平；第五，积极组织各种形式的校内体育运动竞赛活动，活跃学生课余文化生活；第六，协助做好体育场馆器材的保养、维修工作；第七，积极做好学校体育宣传工作，努力提高广大学生从事体育活动的认识水平；第八，积极开展体育科学研究工作。

（一）制订体育师资队伍建设计划

1. 制订学校体育科室工作量计划

落实学校体育工作计划所需要的人力支出，是构成学校体育课时工作量的基础，是进行体育教师定编的重要依据。在现实运行过程中，学校往往没有将开展学校体育工作的工作量完全纳入学校体育课时工作量计算范畴，导致学校体育教学工作量的实际与计划存在出入。制订科学的学校体育课时工作量计划，一方面使学校体育工作全年任务能够合理分配给每位体育教师，另一方面使不同的体育工作任务能够得到公平的价值体现。那么，制订学校体育课时工作量计划的依据是什么？第一，全日制在校学生必修体育课、选修体育课；第二，继续教育学生的必修体育课、选修体育课；第三，课外群体活动指导；第四，课余训练工作；第五，校内外体育竞赛活动；第六，学生各种达标测试；等等。

2. 制订体育教师培训计划

制订体育教师培训计划包括攻读学位和各种短期培训。根据现有体育师资的学历状况，结合我国不同学校教育层次对教师的学历达标要求和学校学科建设需要等，选拔、培养部分优秀中青年体育教师进行学位修读是十分必要的。另外，根据学校体育课程建设的需要，尤其为满足广大学生对不同体育项目的兴趣需要，选拔推荐部分体育教师接受新知识的学习和补充，也是学校体育教学改革发展的要求。为了满足运动训练竞赛工作对体育教师训练工作和裁判工作的要求，学校组织承担运动训练竞赛任务的教练员和学有专长的裁判员外出学习交流，将会促进学校运动训练竞赛水平的提高。

3. 制订体育教师引进计划

体育教师学历结构偏低的现象在我国学校中普遍存在。学校应根据体育教师的定编情况、老教师的自然离退休情况、某一项目或某一课程的需要情况等，有计划地引进高层次的体育专业教师。

4. 制订体育学术交流计划

积极主动地参加各级各类体育学术交流活动，对提高体育教师的科研水平和综合素质是非常重要的。因此，可以根据本单位制定的体育学术交流有关规定，合理安排经费，鼓励体育教师参加学术交流活动。

（二）加强体育教师组织管理

学校对教师的组织管理已形成的一整套完备的管理机构设置（人事处、教务处、体育部）是保证对体育教师进行组织管理的客观因素。加强和落实各职能部门的职责分工，制定完善的体育教师管理规定，尤其要注重在加强对体育教师管理的同时，强化对教师的培训工作，这是对体育教师实施组织管理的主观因素所在。

学校体育师资管理方法，除了通常采用的一般行政管理方法、法律管理方法、经济管理方法、教育管理方法外，结合学校现行的专业技术人员职称评审办法和人事分配制度改革中的"岗位津贴"评审、考核、奖惩等办法，制定具有鼓励与约束并存的管理规定，显得尤为重要。

制定和实施此类管理规定。第一，指导思想要定位于鼓励"能者上，平者让，庸者下"和多劳多得；第二，将体育教师所应承担的教学工作量和科研工作量，能量化的量化，建立量化评审指标体系；第三，坚持方案制订民主、量化结果公开、评聘结果公布，广泛接受每位成员的监督。

五、体育经费管理

学校体育经费是开展学校体育工作的最基本的物质保障。《学校体育工作条例》明确规定学校体育经费应纳入到核定的年度教育经费预算内，予以妥善安排。地方各级人民政府应安排一定数额的体育经费，以保证学校体育工作的开展。国家和地方各级政府部门在经费上应当尽可能对学校体育工作给予支持。国家鼓励各种社会力量以及个人自愿捐资支援学校体育工作。这是学校体育教育经费管理的主要依据。

（一）学校体育经费的来源

学校体育经费的来源主要有事业拨款、学校筹措、社会集资和自行创收等。事业拨款是从教育行政部门按学生人数下拨的教育事业经费中用于体育的比例部分，它包括用于维持正常学校体育工作开展的体育维持费和用于购置大型体育设备所用的体育设备费以及学校体育场馆建设专项经费等；学校筹措是学校内部从创收、校办产业等方面划拨给体育教师的获奖经费，一般用于体育教师的课时酬金补贴；社会集资是学校或体育教学部因举办重大比赛、参加重大比赛、体育场馆建设等向社会各界募集得到的赞助费；自行创收则是由体育教学部通过合法的手段向师生和社会人员提供有偿服务而获得的收入。

（二）学校体育经费的支出内容

学校体育经费的支出一般包括维持正常体育教学、课外群体活动、运动队训练竞赛、场馆器材维护、图书资料添置的体育维持费，购置大型体育器材设备的体育设备购置费，建设体育场馆的专项建设费，用于体育教师和行政后勤人员的奖励经费和后勤经费，用于体育管理机构的日常办公经费，等等。

（三）学校体育经费预算

学校体育经费的预算，一般是按年度对体育教育的各项经费进行收支预算。学校体育经费预算的依据是：①国家和学校的有关财政法规制度；②当年度学校经费预算的指导思想；③学校对经费预算的内容要求；④上年度收支指标完成情况分析和决算财务分析；⑤本年度开展学校体育工作所需要的经费预测或者与上年度相比主要增减项目；⑥本年度学校体育自我创收经费估计；⑦熟悉预算科目和预算表格。

体育教学部（室）在体育经费的使用和管理中，应当严格执行国家和学校制定的财务制度与经费使用办法，应本着勤俭节约的原则依据财务管理的规定和权限，履行相应的报批手续。

六、体育器材管理

学校体育工作的开展必须依赖于体育场馆设施和器材设备的物质条件。根据学校各自的实际情况，实施学校体育器材管理包括以下内容。

（一）制定体育器材管理规定

根据国家有关规定，学校要将体育场馆建设纳入学校建设规划，将体育器材设备添置纳入学校教学仪器供应计划。同时，学校制定各种体育器材管理规定，包括体育场馆的使用管理规定、体育器材设备的购置管理规定、体育器材的报废处理管理规定、体育器材的借用管理办法、体育场馆器材设备维护管理规定等等，以努力提高体育场馆的使用率。

（二）体育器材应由专人管理

体育器材是学校进行体育教学、开展体育活动和比赛的必备设备，应由专人负责管理。

（三）对各类体育器材分类科学管理

各类体育器材应按统一账目要求分类登记入册，增减应及时记账。室内体育器材要分类科学存放。

（四）师生借用体育器材时应严格按规定办理借用手续

师生需使用体育器材时，必须遵守学校的借用制度。体育教师因教学工作需要长期保管使用的器材要按规定办理借用手续。

（五）体育器材定期检修

学校应指定教师定期检查体育器材的松动部件和损坏处，如发现问题，教师应该及时修理。

为延长室外固定器材的寿命，学校要对其定期上油漆，经常维护、保养。

（六）管理人员信息应完善

管理人员更换时，要按规定办理好交接手续，由总务主任监督交换。

七、体育宣传管理

加强高校体育宣传工作，不仅可以提高全体学生的体育认识，增强其自觉锻炼的积极性，以便他们及时了解国内外重要的体育新闻，烘托校园体育文化氛围，而且可使他们通过及时了解学校代表队、国家运动队所取得的优异竞赛成绩，增强热爱学校、热爱祖国的向心力和凝聚力，激发他们的学习热情。

为加强对学校体育宣传教育工作的管理，要建立一定的组织和制度。高校可以发挥校园网、校报、校内广播电视和体育专栏的作用，形成以学校宣传部、团委、学生会、学生记者为主线的校内宣传体系，加大对学校体育工作的宣传力度。

体育宣传工作要注意计划性、及时性、鼓动性的统一。

八、体育档案管理

体育情报资料和档案资料是开展学校体育工作的主要信息来源，也是进行体育科学研究的重要参考依据。

（一）制订体育情报资料和档案管理计划

学校体育情报资料和档案管理工作应该有计划性地进行。制订体育情报资料和档案管理计划的依据是：第一，学校对各类情报资料和档案管理的规定要求；第二，了解体育情报资料的专业性内容、相关学科情报资料的有关内容；第三，区分体育情报和档案材料的类别，预算年度体育情报经费。在充分考虑以上有关依据的前提下，编制体育情报资料和档案管理计划。

（二）体育情报和档案资料管理内容

（1）体育图书资料：包括选定的各种中外文期刊、报纸、各种图书，并对其做好采编、建卡、借阅、保管和咨询等工作。

（2）体育教学档案：包括各级体育教学文件、单位体育教学计划、教材、大纲、教案、学生体育课成绩、教学获奖、教师考核情况等。

（3）学生体质健康档案：包括对学生进行的体质健康标准测试统计结果、学校和年级学生达标率及有关分析资料。

（4）体育竞赛档案：包括各种体育竞赛规程和文件、竞赛秩序册和成绩册、竞赛记录统计情况等。

（5）行政文件汇编：包括学校和上一级行政体育主管部门下发的各种文件（分类建档）、单位的各种管理规定、年度各种考核评估资料、年度或学期总结、各种重要会议的记录、各种重大活动的材料等。

第三节　高校课外体育活动管理的探索

开展青少年课外体育活动，丰富学生课外体育生活，既是对体育课堂教学的补充，也是促进学生身心健康发展的重要保障。课外体育活动作为高校体育活动中的重要组成部分，对于提高高校学生的身体素质、增强高校学生的体能有着重要的作用。由此可见，合理有效的课外体育组织与管理，促进学生保质保量参加课外体育活动，是培养学生核心素养的有益和有效途径。高校课外体育活动与体育课堂教学的协调发展对高校学生的健康成长具有重要意义。

一、高校课外体育活动概述

课外体育活动是在体育课以外的时间里运用各种身体练习和多种组织形式，以增强学生体质、提高学生运动技术水平、丰富学生课余文化生活、养成学生良好生活习惯为目的的一种有组织、有计划的体育活动。它对巩固和提高体育课所传授的体育知识和技能、提高学生的运动能力和对体育知识的运用能力、提高学生学习和生活的质量、培养学生自觉锻炼身体的意识等都有着重要的意义。

（一）高校课外体育活动的特点

高校课外体育活动与体育课教学既有联系又有区别。它与课外体育训练、课外体育竞赛都属于课外体育，它们既有共性，又有特性。它们的区别反映在课外体育活动的特点中。

高校课外体育活动归纳起来有以下几个方面特点。

1. 规定与自愿相结合

高校课外体育活动是由多方面的内容所组成的。作息制度中安排的高校课外体育活动具有鲜明的规定性，规定每个学生必须按照作息制度上的安排参加早操、课间操及班级体育锻炼。但是这种参加是在宣传教育、组织动员的前提之下完成的，以启发学生自觉性，促进学生自愿参加，是规定与自愿的结合，尤其是在选择锻炼的项目上有较大的灵活性和自由度，在统一安排下可做适当变换调整，尽可能做到因人而异，使规定与自愿结合起来。

2. 课余性与计划性相结合

从作息制度上来看，高校课外体育活动一般被安排在早晨、课前、课间或下午课后的课余时间，在作息时间外开展的体育活动也是利用节假日进行，完全是课余性的。为了克服场地器材等方面的困难，有的学校会把课外班级体育锻炼列入课表，但它不是体育课，仍是课外锻炼的内容，其形式属于课余性质。课余性不是随心所欲、放任自流的，而是有目的、有计划、有组织地进行。高校必须把课余性与计划性结合起来，以促进课外体育活动的正常开展。

3. 自主与指导相结合

高校课外体育活动是自主自愿参加的，充分体现主体性。它可以由学生根据个人的兴趣爱好选择锻炼内容，组织锻炼小组，有序地开展锻炼活动，但是这种自主性并不是自发的，也不是单纯地依靠个人兴趣，而是辅之以宣传教育，加强指导，提高学生的认识，培养和发展学生对体育的兴趣爱好，激发学生锻炼的自觉性和积极性，提高学生自我锻炼的能力，培养学生锻炼的习惯。因此高校需要将自主与指导相结合。

4. 多样性与可能性相结合

高校课外体育活动内容丰富、形式多样，能够满足学生对体育活动广泛的渴望和要求。但其多样性是相对而言的，尤其是当前体育活动的条件还存在着较大的困难，能提供活动的场地、器材还很不充分，即使是今后条件得到一定改善，也不可能做到各取所需。因此，高校在开展小型、多样、分散的体育活动时还必须做到因人、因时、因地制宜，做到一切从实际出发，既不贪大求全，也要不断改善和创造条件，把课外体育活动开展得生动活泼。

5. 扩展性与实效性相结合

高校课外体育活动的范围广阔，从课内扩展到课外，从校内扩展到校外。其教育意义有体育的、教育的、生理的、心理的、社会的等多个维度，但这种扩展性不是漫无目的、漫无边际的，而是要讲究锻炼的实效。其核心就是促进身心的和谐发展，有效增强体质，避免追求形式和华而不实的做法。

6. 群体与个别、普及与提高相结合

高校课外体育活动是面向全体学生的一项普及工作，它牵涉的面很广，需要得到各方面

工作的配合（如教务、总务后勤、医务、宣传、班主任、任课教师、团、队、学生会等），具有鲜明的群众性。高校要做好宣传、动员、组织和协调等工作，还要在做好群体普及工作的同时，兼顾个体和提高，使群体与个体、普及与提高相互结合，真正做到在普及基础上的提高和在提高指导下的普及。

7. 独立性与补偿性相结合

所谓独立性是相对体育课而言的，它既不全是体育课完全的延伸和继续，也不全是体育课的"第二课堂"。高校课外体育活动不受体育教学大纲和其他教学工作计划的约束，其活动内容远超教学大纲的范畴。它虽有复习、巩固体育课堂知识、技能的要求，但不是上课的形式。因此，它与体育课既有联系又有区别，不能彼此等同或相互取代。所谓补偿性，是对学生身心发展的需要而言的，即通过课外体育活动以补偿体育课因大纲、计划的约束对学生身心发展带来的局限性。课外体育活动的独立性与补偿性是有机联系、紧密结合的。

（二）高校课外体育活动的作用

1. 增强学生体质

青少年正处在身体发育期，需要经常进行体育锻炼。学生在体育锻炼中所消耗的能量物质，在锻炼后经过合理的休息能够得到超额的补偿。坚持经常锻炼，就能促使这种消耗和补偿始终不间断地交替进行，从而使机体内部能量储备越来越多，体质日益得到增强。

2. 促进学生体育锻炼生活化、规律化

高校课外体育活动的内容和方法是多种多样的，能够满足不同学生的兴趣、爱好和需求，吸引每个学生都积极参加。同时，高校课外体育活动需要在课余时间结合作息制度进行安排，这样有助于实现体育锻炼生活化、规律化，并为学生养成终身锻炼的良好习惯打下基础。

3. 发现和培养人才

通过高校课外体育活动，教师能发现体育人才，对其进行有目的的系统培训，使其在某一项目中达到较高水准，这对我国群众体育的普及和竞技体育的发展具有深远影响。

4. 有助于提高文化课的学习效率

课间或课后进行适当的体育活动，能帮助大脑获得适当的休息和调节，从而防止或消除用脑疲劳，因此，高校课外体育活动有助于学生提高文化课的学习效率。

5. 巩固体育课的效果

课外体育活动在巩固和提高体育课上所获得的知识技能、丰富和发展学生的个性和才能、促进学生身心健康等方面都发挥着十分重要的作用。

综上所述，把高校课外活动仅仅看成体育课的延续和补充是远远不够的。学校决不能因为它是"课外"体育活动，而忽视它在高校课程教育中应有的地位。

二、高校课外体育活动管理组织形式与实施过程

（一）高校课外体育活动的组织形式

1. 全校性活动和年级活动

全校性活动和年级活动规模、影响巨大，操作起来便于统一领导、统一指挥，也便于督

促、检查、比较和评价，有利于形成班级、年级之间的相互学习、相互促进的氛围，有利于爱国主义教育和集体主义精神教育，有利于加强纪律性教育和集体荣誉感的培养。但因受场地、组织措施、学生个体差别等因素的限制，全校性活动内容的选择空间都相对较小。场地较小、组织全校性活动有困难的学校可考虑以年级为单位组织活动。

2. 班级活动和小组活动

班级活动和小组活动的最大特点是生动活泼、灵活机动、方便组织，而且易于管理，同时班级活动和小组活动的受限因素较少、选择空间大、锻炼效果好。班级体育锻炼活动以教学班为单位进行，由班体育委员负责组织，其他班干部（包括团支部、学生会等组织的学生干部）协助、配合。体育教师起指导和督导的作用。小组体育锻炼活动既可以依照学生班级自然组分组，也可以根据学生性别、体质等因素进行分组，如成立长跑组、篮球组等。由体育积极分子担任组长，带领小组开展课外体育活动。班级活动和小组活动的内容可根据不同季节、不同场地和器材等条件灵活多样地选择，如做操、游戏、球类、武术、长跑、游泳、登山等运动项目。

3. 俱乐部活动

校园内的体育俱乐部活动是近些年来出现的课外体育活动组织形式，分单项俱乐部和综合性俱乐部两类。学校根据自己的场地设备、师资力量、体育优势等因素安排筹建。学校视情况适当下拨一定的经费，参与学生以会费形式适当缴纳一部分，社会赞助一部分。学生根据各自的兴趣爱好等，选择加入符合自己特长和需求的体育俱乐部。其中有一部分俱乐部活动带有课外体育训练的性质，有一部分则是为了提高技术水平，还有一部分则纯粹是为了玩乐。俱乐部活动的特点是有组织、有管理、有专人指导、有经费支持、有一定导向性，活动效果好，深受学生的欢迎。

4. 小团体活动

小团体是指有共同体育兴趣爱好和特长的学生自发组成的体育锻炼集体。与小组活动不同的是，小团体的成员有可能是本班同学，也可能是其他班的同学，甚至是不同年级的同学；与俱乐部不同的是，小团体成员多少视具体情况而定，缺乏稳定性。共同的目的、共同的体育兴趣爱好和特长使学生自发地组织起小团体，共同进行体育锻炼活动，共同交流经验，共同切磋技艺，互帮互学，相互促进，共同提高，他们通过活动体验成功和快乐，建立和加强彼此之间的友谊。这类小团体组织相对比较松散、自由和随意，活动时间和地点也都随机而定，不需要额外的管理。但它的作用往往因为其自身的特点而被忽视。事实上，这类小团体的体育锻炼活动在学生的课外体育活动中具有其他组织形式不可替代的优势，对于学生体育兴趣的形成和发展、对学生锻炼习惯的养成以及对学生终身体育意识的形成和发展等都起到了积极作用。小团体开展的体育活动与班级活动和小组活动类似，具有形式多样的特点。

5. 个人锻炼活动

个人锻炼活动是指学生个体根据自己的兴趣、爱好以及需要，按照体育锻炼的方法和要求，自觉自愿地选择相应的体育锻炼项目，在课外单独进行的体育锻炼活动。学生的个人体育锻炼活动是一项极其重要的体育实践活动，它是学生体育意识觉醒的表现，是学生体育兴趣的形成和发展、体育锻炼习惯的养成和巩固的重要途径，对学校体育终极目标达成具有积极意义。一般来说，能自觉进行体育锻炼的学生大都对体育有较浓厚的兴趣，在体育知识、运动技术技能、身体素质等方面有一定的基础，常常是班上的体育积极分子。因此，体育教师应当积极做好引导工作，帮助学生扬长避短，以达到以点带面、整体提高的功效。个人锻炼活动对内容的选择相当广泛，这与个体兴趣、爱好以及需求的多样性有着极大的关联。同时，需要指出的是，个人锻炼活动与集体活动互不矛盾，并不存在绝对的排他性，相反，两者在一定程度上表现为互相促进、互相转化。

（二）高校课外体育活动的实施过程

课外体育活动的实施是一个以自愿为主，强制性规定为辅，宏观调控指导、微观自主开放为特点的操作过程。与作为必修课的体育课程相比，学生在课外体育活动中拥有更大的自由度，自觉、自愿、自主、积极、主动、灵活是课外体育活动的主基调。但是，这并不意味着课外体育活动就可以放任自由；相反，作为实现学校体育目标的重要途径，学校必须加强课外体育活动的宏观调控指导，加强活动的计划性，合理配置学校有限的体育资源，使课外体育活动能够有序地进行，以达到预期的目标。

1. 课外体育活动工作计划的制订

课外体育活动工作计划是全校体育工作计划的重要组成部分，它对课外体育活动的顺利开展、对学校整个体育工作目标的达成具有重要的积极意义。由于课外体育活动又是学校课外活动的组成部分，且涉及学校作息制度、宣传、后勤等部门，课外体育活动工作计划的制订需要与相关部门沟通和合作，使计划切实可行。

（1）全校性课外体育活动计划

全校性课外体育活动计划一般都是由体育教研室或体育教研组在总结过去学年或学期经验，广泛听取各方面意见的基础上制订的，报学校主管领导批准后执行。全校性的课外体育活动计划可以以学年或学期为单位。其主要内容包括：课外体育活动的指导思想和目标，课外体育活动的内容以及组织措施，年级活动、班级活动和体育俱乐部的宏观安排，体育素质的测试安排，学生体育干部的培训，宣传教育、检查评比的落实，等等。

（2）年级课外体育活动计划

年级课外体育活动计划通常比较适合规模较大、学生较多的高校，一般由体育教研室或体育教研组负责整个年级体育教学的教师和年级主任或组长共同协作完成。计划的主要依据是学校课外体育活动的计划，以及本年级学生身心发展的特点、体育基础、运动水平等。

（3）班级课外体育活动计划

班级课外体育活动计划是为落实学校活动计划或年级活动计划而制订的具体实施方案。通常是在班主任、体育任课教师的指导下，由班级体育委员在征求全班同学的意见和建议后制订并实施的。班级课外体育活动计划对推动学生的课外体育活动具有积极意义，是落实每天至少一小时体育锻炼的重要保证。班级课外体育活动计划的内容主要有班级课外体育活动的目标、活动的内容和形式、活动小组的划分及检查评比方法等。活动的时间、场地、器材等一般都需要按学校的总体安排落实。

（4）体育俱乐部活动计划

作为近几年涌现出来的课外体育活动组织形式，校园内的体育俱乐部活动趋向于自成一体的组织。但总体来说，它仍然是学校课外体育活动的一部分，也必然要在学校课外体育活动的计划框架内运作。俱乐部的活动计划由专门负责人按照学校体育工作的总体规划和课外体育活动计划确立自己的目标、任务、运营方式、人员安排、经费预算等，此外，还包括对经费、场地、器材等的合理配置。由于俱乐部承担着较多的工作任务，其计划的制订也相对复杂，需要统筹兼顾。

（5）小团体活动计划和个人活动计划

小团体活动和个人活动相对自由度大，严格地说，对其不容易规范管理，计划性也比较差，特别是一些时聚时散的小团体，其在很大程度上是随意、无计划可谈的。一般来说，体育教师可以通过指导、咨询、协调等形式介入其间，尽可能做到有求必应、有叫必到，并鼓励、启发学生有序、有计划地进行体育锻炼，做到持之以恒。对学生个人的活动，体育教师则可以耐心引导，启发学生根据班级课外体育活动计划，结合自身实际，有针对性地做出计划安排，内容可包括个人锻炼的目标、时间、场所、内容、方法以及测评方法等。

2. 课外体育活动的组织实施

计划制订后就要认真组织实施。再好的计划若是不付诸实施，都将成为空中楼阁。组织实施是一个动态的管理过程，对全校性的课外体育活动而言，它更是一个系统工程，需要学校多个部门的协调配合才能完成。一般来说，课外体育活动的组织实施应该做好以下基础工作。

（1）确立制度和工作规范

主管校长根据学校课外体育活动的计划，召集相关部门确定实施学校课外体育活动的有关制度，对这些制度加以规范化管理，从而保证各项制度能够有效地实施和操作。与此同时，学校应建立与各项制度相配套的工作规范。这是学校课外体育活动的一般规则，其主要形式有守则、须知、程序等。科学的规范管理是有步骤、有秩序地实施课外体育活动的基本保证。

（2）明确职责和工作范围

①校领导

校长或主管副校长作为全校课外体育活动总负责人，亲自到活动场地参与活动，以鼓舞学生积极投身体育锻炼，同时可以深入一线了解课外体育活动开展情况，以便及时发现问题、解决问题。

②体育教师

体育教师是课外体育活动的业务工作责任人，具体负责编制实施方案。

③学生干部

学生干部主要是指共青团、少先队、学生会、班级以及学生体育协会等组织中的骨干，尤其是班级体育委员，他们对课外体育活动的顺利实施有很大的影响。学生干部的职责是以身作则，组织并带动全班学生积极主动地参加活动。

3. 编制实施方案和落实操作

全校性的课外体育活动应根据课外体育活动计划，由体育教研组（室）负责人协同全体体育教师编制具体实施方案，经征求各方面意见后报主管校长批准方可实施，年级课外体育活动实施方案则应由年级体育教师协商编制。

课外体育活动操作实施的实质就是从领导到教师，各司其职、各尽其能，扎扎实实地把课外体育活动的具体实施方案付诸实践的过程。在这个过程中，领导起着统领全局的作用，体育教师主要做指导、协调和组织工作。

三、高校课外体育活动"三维立体式"管理模式的研究

在传统的体育课堂中，学生的主体性地位往往得不到充分体现，其中有教学观念陈旧的原因，也有对相关教育理念和政策理解不够透彻或执行不到位的原因。要显现学生在体育教育教学中的主体地位，高校就要真正从"人"适应社会发展与培养其关键能力需要的角度来思考和重构课堂。当前高校的体育教育教学改革就要聚焦发展高校学生的核心素养。在本节提出的"三维立体式"管理模式中，"三维"指包含体育精神、运动实践以及健康促进三大核心维度的体育学科核心素养。

（一）构建高校学生体育学科核心素养体系

学生体育学科核心素养，是包含着体育精神、运动实践、健康促进三大维度的完整体系。本书以中国学生发展核心素养理论为基础，对高校学生体育核心素养的内涵进行了研究和凝练，将高校学生体育核心素养分解为体育精神素养、体育运动素养、体育健康素养三个维度。其中，体育精神素养是基础，包含体育情感和体育品格；体育运动素养是关键，包含运动能力和运动习惯；体育健康素养是根本，包含健康知识和健康行为。

（二）制定高校学生课外体育活动内容体系

依照核心素养三维培育目标，制定由文化活动模块、竞赛活动模块、辅导活动模块组成的分层次、相对应的课外体育活动内容体系，推进全员个性化、立体式培养。其中，文化活动模块每年开展校本文化类活动10余场次、传统文化类活动20余场次、文化交流类10余场次，竞赛活动模块每年开展校级及以上竞技性体育竞赛30余场次（省级及以上10余项、校级20余项）、学院级参与性体育竞赛60余场次、学生社团兴趣性体育竞赛（20个体育类学生社团）百余场次，辅导活动模块由行为规范类、健康倡导类、知识引导类组成，每年开展活动30余场次，具体见表6-1。

表 6-1　课外体育活动内容体系一览表

目标体系（核心素养）	活动内容
体育健康素养	辅导活动模块：行为规范类、健康倡导类、知识引导类
体育运动素养	竞赛活动模块：校级及以上体育竞赛（竞技性）、学院级体育竞赛（参与性）、学生社团体育竞赛（兴趣性）
体育精神素养	文化活动模块：校本文化类、传统文化类、文化交流类

从学生个体微观层面来看，学生自身体育核心素养的水平存在差异，均衡性存在不同，学生可以根据素养发展需要和个人兴趣选择不同模块的内容。

从体育人宏观层面来看，学生在不同年级的培育侧重有所不同，主要分为三个阶段：文化活动模块（大一为主）、竞赛活动模块（大二、大三为主）和辅导活动模块（大一到大四全程）。

（三）尊重学生主体，形成课内外一体化的体育课程评价体系

教育教学改革的理念、方式都要以课堂为依托。确立基于体育核心素养的课程目标，还

需要以课程评价为牵引，促进教育教学的落实。学生在校期间必须按要求修完四个学期的体育课程（其中课内 120 学时，课外体育活动 24 学时），并通过四个学期的体质健康标准测试，方能获得规定的 3.5 个学分。大三、大四年级，每学期可选修 15 学时、共 4 个学分的体育公选课。在课程评价中，结合手机 App 新媒体技术实行课外健身跑，该项成绩在体育成绩中占比 30%，形成了"课内教授技能、课外锻炼体质、课内外共同培育素养"的课内外一体化的课程评价体系。重视课外锻炼评价的课程体系为该模式的推行实施提供了牵引。

（四）完善管理制度，实施"学院—社团—学生"全面的管理机制

学校以学院体育工作年度积分制、体育课程学分制、第二课堂成绩单制等制度为该模式提供评价督促，建立二级学院体育工作评价机制，将学院学生参与体育锻炼的情况列入学院体育教学年度考核体系，改变以往仅以精英学生参加体育竞赛为主的考核评价，显著提高对全体学生的关注度，有效激发学院对各级各类体育活动组织和参与的积极性。团委在学生社团管理考核制度中，通过年度十佳社团、优秀会员、体育达人等奖项的考核评选，加强对体育类社团的评先评优，联合学工处、团委等部门，逐步构建第二课堂成绩单制，将课外体育活动参与情况作为学生第二课堂成绩的重要组成部分。

（五）优化配置资源，建立全方位协同的育人组织

保障健全组织机构、搭建协作平台、加大经费投入，保障课外体育活动管理模式的有效实施。高校通过统筹学校体育运动委员会、学工处、团委、各学院等职能组织和部门，建立全方位的组织保障；成立学校体育运动委员会，由分管校领导担任主任、学校各职能部门和学院书记作为成员；通过召开年度体育工作大会、全校性体育竞赛选拔、推荐师生参与省级及以上体育竞赛等工作，促进部门联动和学生行动；加强与学工处、团委和各学院的工作互动，争取到学生工作职能部门的积极配合，充分做好体育育人资源的统筹共享，实现协同发展。

第七章　高校阳光体育教学改革科学探索

第一节　阳光体育运动概述

阳光体育运动是教育部、国家体育总局、共青团中央决定于 2007 年 4 月 29 日在全国范围内全面启动的一项有利于学生健康的活动。阳光体育运动，旨在切实推动全国亿万学生阳光体育运动的广泛开展，吸引广大青少年学生走向操场、走进大自然、走到阳光下，积极参加体育锻炼，掀起群众性体育锻炼热潮。

一、阳光体育运动的主要内容

阳光体育作为三部委共同发起的一项惠及全国青少年学生体质健康的群众性体育运动，将成为中国青少年教育发展史上具有里程碑意义的活动。阳光体育运动的主要内容如下：

一是阳光体育以《国家学生体质健康标准（2014 年修订）》为基础，实施阳光体育评估、监督制度。

二是阳光体育坚持每天锻炼一小时制度。

三是阳光体育的对象是在校学生，选择适合于青少年身体发育阶段的运动项目开展体育活动，强调运动项目与运动年龄的科学配置。

四是阳光体育强调引导学生走出教室、走向操场、走进大自然、走到阳光下，身体力行开展体育活动。

五是阳光体育倡导全体学生的广泛参与。要求校校有特色、班班有活动、人人有项目，强调群众性，淡化竞争性，使项目内容贴近学生生活，贴近地方实际，生动有趣，简便易行，便于推广。

六是阳光体育的近期要求：通过开展阳光体育运动，力争用 3～5 年的时间，使 85％以上的学校能全面实施《国家学生体质健康标准（2014 年修订）》，85％以上的学生达到国家学生体质健康标准及格等级以上，掌握至少两项日常锻炼的体育技能，形成良好的体育锻炼习惯，体质健康水平切实得到提高。长期目标：在大中小学校推行"阳光体育证章、奖章制度"，使"健康第一"的理念深入人心。在阳光体育奖励机制的推动下，一代青少年体质状况得到根本转变。

七是阳光体育是落实"健康第一"指导思想的具体行动。通过丰富多彩的体育课外活动宣传阳光体育在青少年素质教育中的作用，在社会上树立"健康第一"的价值理念。

二、开展阳光体育运动的现实意义

（一）有效增强学生身体素质

"阳光体育运动"要求保证学生每天锻炼1小时，以此来达到有效地提高学生的身体素质、身心健康的目的。同时，教师通过运动技能知识、健康知识的传授，使学生从内心感知健康的重要性，并能够根据自己的身体情况、个人兴趣，选择科学的锻炼项目，形成终身锻炼的习惯，养成健康的生活方式。

（二）及时疏导学生心理障碍

受当前社会就业压力和生存竞争加剧的影响，患有心理疾病的青少年越来越多。阳光体育运动让青少年走到户外，走到阳光下，放松心情，宣泄不良情绪，使大脑神经系统得以及时调整。体育运动本身也是让人愉快的事，青少年尤其容易从中获得快乐，精神上得到放松与释放，从而减少心理疾病的发生。

（三）优化地域环境

"阳光体育运动"不是为了让学生去应付考试，应付升学，而是为了让体育运动能真正成为广大学生生活的一部分，使其养成终身体育锻炼的健康理念。广大农村学校应该完善制度，加大经费投入，加强校园体育文化建设；利用空间大、活动范围充足的优势，因地制宜，充分挖掘学生喜爱的乡土体育项目和传统体育项目，让学生通过阳光体育运动，从心底里真正喜欢上体育锻炼，并能够自觉地锻炼，以提高自己的身体素质及健康水平。

（四）营造浓郁的校园体育文化环境

营造健康和谐的校园体育文化环境，是深入推进素质教育、落实"健康第一"指导思想、增进广大青少年身心健康的现实需要。阳光体育运动在学校的实施，依赖于体育课程的进一步完善。学校抓好体育课，选择广大青少年喜欢的运动项目进行教学，并进一步加强健康教育知识的讲授，使学生认识到身心健康的重要性，并掌握相关知识，形成科学的体育观；结合教学，开展丰富多彩的课外体育活动，形成浓郁的体育文化氛围，让学生通过科学的体育锻炼，提高体质及健康水平，建立起一个健康和谐的校园。

（五）阳光体育运动蕴含"生命课堂"的内在含义

在课堂理念上，阳光体育倡导的"生命课堂"反映出了体育的本真价值。"阳光体育"倡导建立一种和谐的师生关系。体育教师要修炼自己的行为，使行为规范专业；要修炼自己的个性，使个性鲜明旷达；要修炼自己的心灵，使心灵平和美丽。教师以此提升自我，打造具有高尚的教育品质和风格，具有丰富的教育智慧和情感，具有精美的教育技艺和境界，努力成为民主、平等、自由、开放、互动、和谐的阳光教师，这是"生命课堂"的不断追求，也是阳光体育运动的魅力所在。

第二节 基于阳光体育的高校体育教学改革分析

一、阳光体育对高校体育教学改革的重要意义

(一) 有利于高校学生提高对锻炼的重视程度

高校要想有效实施"阳光体育",需要进一步加大体育教学改革力度,贯彻落实现代健康理念,还需要根据自身的教学情况、学生的需求及体育教学发展趋势,及时调整教学方向,改善教学内容,丰富学生课外体育活动,完成教学的最终目标,即保证学生能够健康安全地成长。在"阳光体育"倡导学校要注意学生的想法这一理念的影响下,高校教学改革不仅可以进一步提高学生参与体育教学的积极性,还有利于促使学生养成体育锻炼的习惯,并为其形成终身体育观奠定了坚实的基础。

(二) 有利于进一步深化高校体育的教学改革

作为高校体育教学的补充与延续,"阳光体育"理应受到各个高校的重视。教师不仅要在课堂教学中调动起学生的积极性,还要组织学生在课余时间参与体育锻炼。只有这样,"阳光体育"这一理念才能对学生产生深刻的影响。所以,高校在教学改革时要注意教学的延伸性,即让学生不仅要在课上学习,还要在课下进行深入学习,进而培养学生养成学习兴趣。另外,在课程的设置上,各高校要注意实现课程的丰富化,通过选修课程的设置来帮助学生丰富体育知识,进而促使学生的体育能力得到提高、身体素质得到加强。

(三) 有利于提升高校学生综合素质

"阳光体育"旨在培养高校学生积极乐观的人生态度。良好的教育环境,有利于帮助学生明确发展方向,促进身心发展。新课标背景下,体育教学根本目的在于培养学生体育认知、增强学生身体素质、调动学生体育情感、强化学生坚定意志,从而达到"身心完备"的状态。阳光体育不仅是一种教学方式,更是一种生活理念。教师在进行体育教学时要主张学生快乐运动,积极引导学生广泛参加各项体育活动,并利用信息技术的优势,打造信息化课堂,让学生随时随地感受体育文化的魅力,从而提升学生综合素质;一些团体体育运动项目对高校学生的团队意识、协作能力以及自控能力等也有很大的帮助,如教师可以利用冬季长跑等团队活动,让学生在运动的过程中培养坚韧的意志力,塑造健全的人格,为日后学习发展打下良好的基础。长此以往,高校学生的综合素质就会得到很大程度的提高。

(四) 有利于提升高校学生自信心

随着社会经济的不断发展,高校学生面临的竞争也越来越多。高校学生虽然还未步入社会,但是对现今社会已有了一定的认知。在高校中,竞争虽然不是非常激烈,但还是存在的。在这种情况下,学生要有比较健康的身体。良好的体魄能够帮助高校学生在应对各种情况的时候更加得心应手,进而增强自信心,反之,则会影响学生的自信心,这也是失败的一部分原因。另外,高校大部分学生都是独生子女,在高校学习的过程中缺少父母的引导,学习时容易迷失方向,甚至会逐渐产生自卑心理,对日后生活失去信心。这种情况下,在高校

内开展阳光体育，教师充分利用阳光教育的优势，利用体育活动，磨炼学生意识、强化学生体质、培养学生健康体魄的同时，培养学生强大内心，为日后学习发展增添一份保障。

（五）有利于丰富高校文化生活

文化是可以通过体育运动来体现的。在高校内开展阳光体育运动，能够帮助教师更好地理解学生、爱护学生，使学生养成良好的个人道德品质。与此同时，在高校范围内开展阳光体育，能够丰富学校的文化生活，这不仅仅为高校文化建设提供了原动力，还在一定程度上促进了各院系之间的联系，实现学校的全面发展。另外，开展阳光体育之后，学生就不会白白荒废业余时间，会更加积极地度过业余时间，在这个过程中还能锻炼身体，放松心情，减少来自学习方面的压力，促进和谐校园的建设。

二、基于"阳光体育"的高校体育教学存在的问题

（一）缺乏明确的培养目标

就目前来说，在"阳光体育"理念的指引下，高校体育教学存在的主要问题就是对培养目标缺乏明确定位，这就造成两方面的影响：一是学校体育教学缺乏教学效果，学生对体育锻炼缺乏热情，甚至形成一些偏见，导致高校学生的体质越来越差；二是各高校所培养的人才并不符合社会要求，造成这一问题的主要原因就是高校教学并没有随社会的发展及时做出调整。高校体育教学不仅要培养学生掌握相关的专业知识与技能，还要帮助学生建立起健康的人生观、世界观以及价值观，让学生能够以积极健康的心态面对锻炼以及生活中的困难。

（二）重视程度不够

受传统观念的影响，各个高校中普遍存在轻视体育这门课程的现象。很多高校都缺乏体育经费，导致体育设施不能满足教学需要。体育教师没有得到应有的重视，容易在教学中缺乏进取心，不关心学生，坚持以自我为中心。以上问题既不利于阳光教育的实现，也不利于体育教学活动秩序的维护，更不利于将阳光体育传播到社会层面。

（三）考核机制落后

在我国教育教学发展过程中，传统教育理念根深蒂固，学校和学生都受到应试教育理念的深刻影响，传统教育方法更是影响了几代人。高校传统体育教学考核机制由"考勤分＋运动成绩考核分"构成，这就导致考核与评价机制存在极大的局限性与片面性，学生的基础差异、个体差异有来自先天的，也有来自后天的，片面的考核机制没有将所有学生放在统一的位置上看待，在现代教育中，这是较为落后的考核机制。传统体育课堂通常是以教师为主导、学生被动学习的形式进行教学，学生主观能动性未能得到发挥，而且学生在学习期间，只是简单地、机械式地完成相关任务。这种模仿的学习方式存在局限性，不能提高学生学习主动性，制约学生个性化发展，也不利于在日常学习中渗透阳光体育理念。在实际教学中，未能全面反映学生学习过程和整体情况，从而造成教育效果的不理想。体育教师必须对此引起重视，思考如何利用好阳光体育活动的融入，对高校体育教学考核机制进行改善，完善体育教学改革的每一个布局。

三、基于阳光体育的高校体育教学改革策略

（一）明确体育教学改革目标

明确高校体育教学改革目标，可以提高高校体育教学成效，也是推动阳光体育活动有效落实的关键，所以，加强体育教学改革过程中目标的改革是最重要的一步。在短期目标设计中，学校和教师可以设计以人为本的体育教学目标，然后将该目标应用在体育课堂中，对体育课程教学和学生全面发展之间的基本关系进行协调，从而将学生体育潜能更好地挖掘出来，引导学生自主地进行体育锻炼，将学生培养成为身心健康发展的优秀人才。在教学目标制定中，学校应该制定长期发展目标，并且从学生社会意识、体育观念等方面进行综合考虑，促进个性化、具体化核心观念的落实，进而让教学和课程目标符合阳光体育制定的多元化的教学改革目标。对现阶段我国高校体育教学改革目标的具体化设置是让体育教学与阳光体育活动能够深度、有效融合的实现途径，是直接指导学校体育教学改革的主要内容。学校和教师可以为体育教学设计个性化目标。在设计过程中，学校应该结合学生群体身心特征和体育价值理念，确定符合学校办学特色和学生群体认知特征的个性化教育目标。同时，教师应确定具体化的体育教改目标，即教师在课堂教育中渗透阳光体育运动观念过程中，要设置走进操作、积极参加体育运动以及走到阳光下等可操作性强且具体化的教育改革目标，以此让学生利用课余时间养成积极、自觉参与体育运动的良好习惯。

（二）优化体育课程设置

在高校体育教学改革中，为将阳光体育运动运用在体育教学发展中，学校需要加强体育课程的有效设置，选用适宜的课程内容，让教学改革满足阳光体育运动需求。

首先，学校应该调整理论课程、实践课程、拓展活动在体育课程体系中的占比，加强体育教材资源的优化，适当增加和阳光体育运动有关的内容，打造丰富多彩的体育课程教学环境。比如，教师在组织体育理论课程教学中，可以加强学生群体参与体育锻炼意识的培养，让学生明确加强体育锻炼对自身健康发展的重要意义，进而形成良好的锻炼和运动习惯。

其次，将"多样化""健身性""兴趣化"三大特点融入体育课程中。在该课程体系构建过程中，学校方面可以基于体育教学实际情况以及阳光体育运动的主要要求，加强课外拓展性活动和阳光体育活动的结合，也可以让丰富的体育实践项目和阳光体育活动有机结合，为学生构建符合其个性特点与兴趣爱好的教育模式，进而激发其参加体育锻炼的主动性，逐渐激发学生走进操场进行体育锻炼的兴趣，使学生变以往实践中的被动锻炼为积极锻炼，逐步完善高校体育教学的整体建设，搭好高校体育发展框架，为后期的多元化发展打好基础。

最后，构建阳光体育网络课堂。传统的课堂教学过于沉闷，教师单纯地依照书本进行讲解，在活动时也只是对动作进行拆分讲解，而忽略了体育运动的本质。教学形式的单一，导致学生在学习的过程中思维逐渐固化，对体育运动也只是走走形式。学生不仅身体素质水平得不到提高，而且在应试教育的影响下，思维也会受限，进而阻碍了身心的健康发展。信息技术的出现，为教师教学工作提供了新的思路。教师在开展教学工作时应打破陈规，与时俱进，从而提高课堂教学质量，助力阳光教育的平稳发展。具体可以从两个方面进行：第一，

教师开展体育教学前可以利用网络技术，将课堂内容制作成微视频，并结合相关体育视频，让学生在观看的过程中进一步感受体育文化；第二，教师可以利用网络上丰富的教学资源，融合阳光体育理念，开展团队运动，让学生纷纷参与到课堂之中。学生在运动的过程中还会培养良好的团队意识，养成良好的锻炼习惯，身心健康也得到了发展。同时，这一运动推动了阳光体育教学工作的顺利开展。

（三）革新体育教学实践手段

在高校体育教学改革过程中，趣味性与创新性的体育教学实践手段，是将阳光体育活动落到实处的关键所在。所以，在教学改革实践中，教师应该结合阳光体育活动对学生身心素质培养的基本要求，加强对体育教学实践手段的优化。

一方面，在教育实践活动组织过程中，教师可以将情境教学法、小组合作教学等新兴教育观念融入体育教学设计，着重突出高校体育教学过程的教育性以及趣味性，让学生在积极参与过程中形成独立思考以及团队合作的精神意识。

另一方面，在设计教育活动的过程中，教师应始终坚定阳光体育活动理念，遵循依法治教以及重视学生体质健康等教育原则，引导学生积极参加体育教学活动，使学生的体质健康指标可以在参加体育运动和锻炼中不断提高。而在革新体育教学手段过程中，高校要根据阳光体育活动以及学生个体差异性，构建分层次教育模式。第一，根据高校各专业和各年级课程教育特点，分专业、分阶段地设置教育内容，面向学生进行针对性体育训练、课堂内外体育锻炼，进而满足不同学生对个体体育素质的发展要求。第二，以高校体育教学特征为基准，学校方面要形成课堂、课外和兴趣班充分结合的教育方法，加强科学的方案设计，并且构建能够监督和考核的阳光体育教学体系。例如，为将阳光体育活动落到实处，高校可以在体育教学体系中将"大学生每天参与运动锻炼一小时"作为教育计划，组织实施校园运动会、特色体育项目以及田径运动会等各项活动，使学生可以利用课余时间积极参加体育项目，通过创新手段与活动形式，建设广阔的体育园地。此种教育手段，能够提高学生对体育运动的注意力，实现阳光体育活动的展开，全方位推动改革。

（四）改善考核与评价体系

在实践教学中，要想更好地落实阳光体育理念，学校需要根据社会发展实际情况和需求，创建综合性评价考核体系。事实上，以往的高校体育教学评价模式，普遍存在为了评价而评价的问题，教师在考核与评价过程中十分关注学生对运动和技能的掌握情况，但对学生体育实践和运动技能的发展性缺乏全面认知。诚然，体育运动作为长期性活动，按照阳光体育活动的要求，学生更要养成终身运动的良好习惯。因此，在开展课程教育成效的考核及评价过程中，教师应采用科学化评价手段，将考核标准逐渐细化，建立科学的体育考核与评价体系，合理分配各部分的占比，在不否认高校学生群体现阶段运动能力和技术水平的同时，充分关注其发展性，尤其是在考核与评价过程中所呈现出的运动发展素质以及体育品质，并且结合在阳光体育影响下的学生课堂剩余时间体育锻炼实际状况来构建学生的评价指标，为体育教学效率的提升提供保障，进一步促进高校体育教学中阳光体育的实践。除此之外，在考核与评价过程中，为了规避考核评价产生不合理及不公平等问题，高校可以通过教师评价和学生互评有机融合的评价模式，融合多元化定量及定向评价标准，借助终结性评价和过程性评价有机融合的评价方法，保证体育教学考核及评价的合理性及公平性。

（五）优化管理制度，促进学生个性化发展

随着教育制度的不断优化，体育教师教学理念也发生了变化。教师要以尊重学生个体差异为前提，制定体育管理制度，对学生进行全方面考察；同时，制订专属学习方案，促进学生个性化发展，提高学生对体育的兴趣。

体系制度一定要具有实时性。在体育课程结束后，教师可以利用微课教学帮助学生巩固动作；通过后台数据分析系统准确掌握现阶段学生学习的情况，并根据学生历史浏览为其制订专属学习方案；利用学生兴趣推动体育运动，从而提高学生身体素质。

教师可以根据学生学习情况的不同开展分层教学，保证每一个学生都能有所提高，进一步推动课堂教学高质量开展。

（六）增加体育教学改革成本投入

在体育教学改革发展过程中，学校需要加大经费投入力度。如果经费投入不足，则有可能会出现校园基础设施建设不足的问题，还会存在师资队伍建设引进不到位等问题。所以，在阳光体育活动开展中，学校应该在体育教学改革层面，加大成本投入力度，增加体育教学、实践和教学研究方面的经费数额，加强体育教学实践所需的教学设备、锻炼设施建设，严格要求相关教育工作者结合阳光体育活动需求，为学生创建项目多样化的运动场地。同时，增加高校体育教学改革成本投入，有利于教师借助学校内部资源，延伸教育范围，切实丰富体育教学内容，使阳光体育活动贯彻落实。比如，部分高校以阳光体育运动观念为指导，在具体的体育教学改革中，创建具有本校文化特色和办学特征的体育俱乐部，加强设施设备的建设，为学生提供丰富多样的运动、锻炼场所，呼吁学生利用课后与空余时间通过体育运动来锻炼身体。与此同时，教师可以结合学生参与俱乐部活动的实际情况，分析学生对体育运动项目的喜好情况，从而有针对性和有目的性地调节体育教学内容，切实推动高校体育教学改革，将阳光体育活动落到实处。

除此之外，高校在开展体育教学改革过程当中，不仅要适当增加成本投入，还要完善体育专业师资队伍建设，招聘对阳光体育活动精神具有深刻理解的专业人才，使其与高校在职体育教师共同参与体育教学改革工作，给学生提供更加专业的教育和服务。如此一来，学生可以在体育运动和教育实践中积累专业知识、技能，体会到体育运动的魅力。

第八章　高校学生体育素养的培养研究

第一节　高校学生体育素养的内涵

一、高校学生体育素养内涵

（一）体育素养概念

体育素养指体育文化水平，是一个人平时在体育方面养成的修养。体育素养是在先天遗传素质的基础上，通过后天环境与体育教育影响所产生的。体育素养包括体育知识、体育意识、体育行为、体质水平、体育技能、体育品质、体育个性等综合体育素质与修养。

1. 体育知识

体育知识是多方面的，包括体育理论知识、体育专业知识、体育基础知识、体育健身知识、体育安全知识等。具体而言，体育知识就是了解人体身心发展的规律以及基本的生理常识，了解体育活动对人体生理健康的作用，能有计划、科学地安排体育锻炼，并了解和掌握相关体育人文知识，具备体育赛事的欣赏能力和初步评价能力，对重大体育事件有所了解，懂得体育的功能与价值。

2. 体育意识

所谓体育意识，就是人脑对体育和体育活动特有的态度控制系统。体育意识是相对稳定的，它主要由态度状态和体育素质构成。要想拥有较强的体育意识，就要具有一定的体育科学知识、体育活动方法和技能；就要认识到体育和体育活动的功效和作用，特别是评价性认知；就要具有对体育和体育活动正向积极的情感体验；就要具有体育需要和体育行为倾向。通过多种形式的体育活动，确立适合自身锻炼的项目，形成自觉锻炼的习惯和终身体育意识。

3. 体育行为

体育行为是人类有目的、有意识地利用各种手段和方法，为满足某种体育需要而进行的活动。它是一个比较宽泛的概念，即凡是与体育发生联系的行为活动，都可称为体育行为。体育行为既包括运动行为，也包括体育的组织、管理、宣传、科研、教学、消费、观赏等方面的行为活动。体育行为的产生和发展，既受行为者的内在生理、心理条件所制约，又受到外界环境（包括自然环境、社会文化环境）的影响，表现出多方面的行为特征，如有计划地参加体育健身活动，具有良好的个人锻炼习惯，培养终身学习、运动与健康的习惯，养成积极的体育行为方式。

4. 体质水平

体质是人的质量，是人的有机体在遗传、变异和后天获得性的基础上所表现出来的机能与形态上相对稳定的特征。体质水平是人体素质提高的标志。人体素质包括健康素质和运动素质。健康素质是运动素质的基础，是具有健康的生理、心理及良好的社会适应能力以及在此身体状态下不断提升自身的运动能力，使自己具备从事多种体育锻炼的能力。

5. 体育技能

体育技能包括锻炼技能和对锻炼的自我评价技能。学生应在学会多种基本运动技能的基础上，熟练掌握两种以上健身运动的基本方法和技能，能科学地锻炼，提高自身锻炼的能力，并掌握常见运动损伤的处理方法。在广泛学习运动技能的基础上，学生能对一些常见的运动技能有所了解，并熟练掌握1～2项符合自己实际的实用型的终身体育运动项目。

6. 体育品德

体育品德是指学生依据一定的体育道德规范，在体育教学活动和竞赛中表现出稳定的心理特征和倾向。为培养学生良好体育品德，教师必须引导学生在体育运动中自觉学习和遵守各项体育运动的规则以及服从裁判等。学生懂得的体育知识越多，其体育意识就越强，运动技能就有可能越高，对良好体育品德的追求越高。

7. 体育个性

体育个性是指学生在体育活动中经常表现出来的、比较稳定的、带有一定倾向性的个性心理特征的总和，是一个人有别于他人的具有自己独特个性的体育行为、思想等的总体体现。在培养学生体育个性时，教师要从以下几个方面入手：加强学生的思想品德教育，善于识别学生的不同体育个性，尊重、鼓励和支持学生的不同体育个性，讲究方式和方法，营造一个良好的体育氛围。

(二) 体育素养特征

1. 时代性

体育素养的概念自20世纪80年代提出以来，其内涵不断变化。体育可以说是一种生命教育，是呵护人的健康、使人生活幸福、充满激情的一种教育。体育素养研究恰逢其时，如何提升高校学生的体育素养，是当前体育教育如何落实培养什么人、怎样培养人、发挥体育立德树人功能的时代问题。

2. 综合性

培养高校学生体育素养的终极理念是培育高校学生的终身体育意识，让体育成为他们的生活方式，形成体育生活化，其目标不仅仅在于提高运动技术水平、体育文化水平、增强学生体质等短期效益，更重要的是要培养具有健康行为且能终身参与体育活动的人，这才是我国体育教育百年大计、利于千秋的长期效益。

3. 发展性

从体育素养、体育文化素养、体育素质到体育核心素养、体育学科核心素养，都是体育素养内涵和外延的升华，体现了体育科研要与时俱进、兼容并包的特色。

4. 基础性

体育素养的发展旨在培育学生终身锻炼的习惯，仍需通过学校体育课程与教学改革大力推进，将培养青少年体育素养作为体育课程与教学改革的靶向和重点，这也是学校体育在发展青少年核心素养时应承担的使命。

二、高校学生体育素养与体质健康的融合

（一）建立高校学生体质健康测试数据测试、公布、管理与精准帮扶的信息化管理平台

每年高校学生体质健康测试都会产生大量的数据，为了避免高校学生体质健康测试数据公布后没有产生任何效应，以及避免学生应付测试的现象，学校必须建立数据测试、公布、管理与精准帮扶的信息化管理平台。通过这个信息平台，实现学生体质健康监测、学生体育锻炼、体育教学、竞赛交流、运动处方的立体化生态管理。

首先，教师根据学生体质健康状况，及时调整教学方法和内容，对于体质健康测试数据不好的学生，教师可以有针对性地指导训练。在课外体育活动时间段，建立各种体质健康帮扶站，体育教师值班指导学生体育锻炼。

其次，各个学院辅导员、班主任及学生个人均可以通过这个信息平台了解本班、本院及个人的体质健康状况和排名情况，有针对性地指导和督促学生参加体育锻炼。

最后，学生根据自己的体质健康数据状况，咨询与查找相关提高体质状况的训练方法，进行自我身体管理，激励自己参加体育活动，养成良好的健康行为习惯。该平台能根据学生身体健康状况，提供具有针对性的运动处方及体育锻炼建议。学校通过该信息平台，不仅能够增强学生对体育的认知，增强学生体育锻炼意识、习惯和技能，使学生养成良好的体育健康行为与体育品质，而且能够增强学生的体质健康和体育素养，为高校培养具有健康体质的高素质人才。

（二）落实高校学生体育素养与体质健康融合的发展机制

高校学生体育素养与体质健康的提升需要优化高校体育教育环境。促进高校学生体质健康进而提升体育素养，建立一个动态的、全方位的发展机制十分重要。

1. 教育教学理念保障

树立"健康第一"的教学理念，是学校体育教育发展的重要指导思想；在此基础上，融入体育素养与体质健康并重、以赛代练、分层次教学、奖励先进等理念，目的是调动学生体育锻炼积极性。

2. 制度保障

为促进两者的融合，必须从制度上给予保障。因此，必须从培养方案、教材建设、考评方法、评优奖励、课程体系、体育教学内容等方面不断完善。

3. 培养方案

培养方案需要融入体质健康测试要求、体育理论知识考核、运动技能教学方案等内容。

4. 成绩评定

体育成绩评定方法需要融入运动技能、身体素质、理论知识、行为态度等方面的内容，根据重要性占体育成绩的一定比率。

5. 奖励制度

评优奖励实行两挂钩：一是学生体质健康测试成绩与年终评优挂钩，成绩不合格的不发毕业证；二是教师年终绩效与自己所负责班级学生体质健康测试成绩挂钩。

6. 课程体系

课程体系由课内体育与课外体育组成。其中，课内体育包括体育教学、辅导与训练，课外体育包括阳光体育活动、校园体育竞赛、校外体育竞赛等。

7. 课时保障

按照教育部要求，高校本科必须开设不少于 144 学时、大专开设不少于 108 学时的体育必修课，而实际上一些学校的体育课时远未达到该标准。但是，清华大学、浙江大学等高校开展的大学体育课，课时数远超国家标准。

8. 组织保障

健全的组织机构是推动体育素养和体质健康融合的重要保障。一是必须建立体育素养的研究机构。重视国内外体育素养与体质健康重要的研究方向与趋势，时刻紧跟时代潮流；二是建立实施机构。形成以体育部门为中心、联合学校多部门协同配合的体育素养与体质健康促进的推动机制，确保人、财、物联动发展；建立以高校学生体质健康测试中心为主，联合教务、财务、后勤、团委、学工、信息管理中心及有各学院分管学生的副书记参与的多部门融合发展机制。高校学生体质健康测试中心设专门管理人员管理日常事务，联系分管体育的副校长，适时召开学校体育工作会议，制定年度学生体质健康测试任务、学生体育竞赛计划、学生体育活动计划、学生体质健康帮扶计划，公布各个学院体育竞赛成绩及奖励情况，形成以立德树人为核心、共同促进高校学生体质健康与体育素养融合发展的人才培养体系。

第二节　高校体育教学中培养高校学生体育素养的必要性和实施途径

高校是学生接受学校教育的最后时期，高校学生步入社会后，体育锻炼将成为个人的事情。因此，培养高校学生体育素养应该以培养终身体育为核心，即侧重于培养学生为实现身心健康而主动锻炼的意识和能力。形成体育素养有助于人们树立终身体育意识，养成健康的运动习惯，这也是学校体育教学的核心内容及最终目标。然而，长期以来，人们对体育的发展存在认识上的偏差，忽略了学校体育对学生综合素质培养的重要作用，致使高校学生的体育素养没能得到有效的培养，因此，全面提升高校学生的体育素养，强化学校体育对改善高校学生体质状况的地位，对实现中华民族伟大复兴具有战略意义。

一、高校体育教学中培养高校学生体育素养的必要性分析

（一）传承体育文化，培养人文情怀

体育的本质是一种文化教育，通过向高校学生传递优秀的体育文化，引导高校学生主动参与体育锻炼，展现朝气形象，创造卓越人生。体育教学贯彻"以人为本"的教育理念，通过体育文化（如体育精神、爱国精神、人道主义精神等）的熏陶，培养高校学生的文化情感和情怀，指导高校学生在人生道路上不断前进。

（二）提升审美情趣，陶冶情操

体育运动具有形体美和运动美，坚持体育锻炼就是健美身心，追求和捕捉美，有助于高校学生提升审美情操。此外，体育比赛中所展现的集体主义、顽强拼搏和比赛过程中所表现出来的谦虚、诚信等优良品质可陶冶道德情操，提升高校学生的自我调节能力。

（三）强健体魄

体育锻炼可有效提高人的心肺功能。通过系统锻炼，既有助于增强高校学生的速度、耐力、力量等素质，帮助高校学生塑造强健体魄；还有利于高校学生消除负面情绪，愉悦身心，增强自信心，保持阳光、开朗，以乐观的态度笑对学习和生活，从而提升健康水平。

（四）实施高校学生素质教育的必然要求

素质教育旨在提升高校学生的综合素质，具体包括高校学生的思想道德素质、身体素质和心理素质等，素质教育尊重高校学生的主体精神，注重对高校学生的潜能开发，尊重高校学生的个体差异，使每一个高校学生都可以积极参与体育锻炼，从而为高校学生的生存和发展奠定基础，最终使他们成长为具有健全人格的社会人。因此，在高校体育教学过程中，教师不仅要注重高校学生心理和社会适应性等方面的教育，还要注重培养高校学生的体育素质，促进其全面发展。

二、高校体育教学中培养高校学生体育素养的路径

（一）树立健康第一理念，培养高校学生的体育意识

学校需转变观念，树立健康第一理念，提高高校学生的体质，增强高校学生的体育意识，将培养高校学生的锻炼习惯视为学校体育教育的出发点和落脚点，营造良好的体育校园环境，不断增加学校体育场馆、场地及器材数量，夯实高校学生体育活动物质基础。除此之外，学校还要注重对室外体育器材的维护与管理，及时更换带有安全隐患的器材。同时，学校要重视对场馆的管理，在不影响正常体育教学的前提下，提升体育场馆的对外开放率，并通过科学调配，进一步提升体育场馆的利用率，为高校学生提供体育锻炼的场所，将促进高校学生体育锻炼行为及体育素养作为考核重点，真正做到促进高校学生身心健康和全面发展。

（二）加强理论教育，强化高校学生的体育认知水平

体育理论包括体育锻炼知识、裁判法规、运动损伤与急救等。对高校学生进行体育理论教育有助于培养高校学生的体育素养、体育意识、体育能力及锻炼习惯。通过将理论教学所获得的理性知识和实践相结合，高校学生可加深对体育锻炼的理解和认知，有助于建立正确的体育观，有效提升体育认知水平。这就需要各高校体育教师改变观念，提高认识，重视体育理论教学，增加理论教学的课时，挖掘理论教学内容的趣味性，图文并茂，引导高校学生在兴趣中学习并掌握运动处方、自我评价及运动损伤的预防与处理。

（三）建设高校学生体育素养的新型体育教学课堂

学生体育素养的提升仅靠体育课堂是无法实现的，必须扩大体育课堂的范围，确保学生

具有足够体育活动的量和强度。从体育课堂、课外体育活动、校内外体育竞赛、校园体育文化氛围营造四个方面构筑高校体育"新型体育课堂"。构建高校学生线上线下混合式体育教学模式，既要注重传统体育课堂的教学效果，也要加大力度支持线上体育课堂的建设力度。将体育教学与训练课、课内与课外、普及与提高、校内与校外体育竞赛活动有机结合，建立以体育教学为核心，以群体活动为基础，以竞技体育为引领，需求供给相对平衡的"全方位"的高校学生素养与体质健康双提升体育教育教学新格局。

（四）丰富体育教学内容

培养高校学生的体育素养需要有针对性地培养高校学生的体育品德，这就要借助丰富的体育教学内容来实施，充分发挥不同体育项目的教育功能，着力培养高校学生的抗挫折能力、人际交往能力等；同时，增强高校体育教学活动的趣味性，引导高校学生积极参与体育活动，帮助高校学生树立正确的体育观，提升其体育素养。

（五）加快体育课程改革

第一，体育课程改革与评价体系相结合，促进课程与高校学生身心发展相适应，符合实际需求。体育课程本身就是多样化、个性化的课程，其评价体系的构建应从学生实际出发，建立和健全与课内外活动相结合的综合评价体系，才能真正实现体育课内外一体化。教师要摆脱传统体育评价方式的束缚，以学生的健康发展为前提要素，对传统体育评价方式进行改革，将课下体育运动、体育竞赛和体育锻炼融入体育评价，使学生形成积极健康的运动习惯，从而建立起课内外一体化的综合评价体系，进而为高校体育教学改革提供技术支持。

第二，课程评价体系与高校学生的实际表现相协调。高校学生考核的定性指标、定量指标等各个要素组成综合的评价体系，以鼓励高校学生参与体育学习为主要目的，充分考虑高校学生的兴趣爱好，不断实现体育课程实施过程、评价体系与高校学生的个体成长、发展相适应，从而有效提升体育教学的实际效果。具体而言，就是在终结性评价的基础上，注重学生平时的学习态度、努力程度和进步幅度，及时鼓励学生，引导学生发现自己的进步和闪光点，从而培养其体育学习的自信心。

（六）加大宣传和普及力度

借鉴西方高校成功的做法，如借助校内和校际体育比赛来推动体育活动，为高校学生搭建竞技平台，引导学生将个人的体育特长和体育爱好充分展示出来，以提升高校学生参与体育比赛的热情、数量和实际效果。同时，构建浓厚的体育锻炼氛围，使高校学生自觉投入体育教学和课外体育锻炼，着力培养高校学生的体育素养，提升其身心健康水平。

（七）拓展体育教学方法

体育素养和体育技能关系密切，体育技能的提高有利于提升高校学生的体育素养。运动技能是技能的一种形式，是由相应的神经支配骨骼肌运动从而实现一系列外显动作，以完善的程序构成一定的动作方式，高校学生按照运动技能要领反复练习，从而掌握某种动作技能。因此，体育教师在教学过程中，需多采用启发式的教学方法，充分利用多学科与多种渠道进行教学，并通过观、讲、思、练、评等教学方法，使高校学生的注意力、观察力和记忆力处于积极状态，同时有意识地培养高校学生分析问题和解决问题的能力，激发高校学生体育学习的兴趣，从而使他们主动学习体育理论知识，掌握体育技能，自觉参加体育锻炼以至终身受益。

激发和培养高校学生的体育锻炼兴趣，增强高校学生的体育意识是提升学生体育素养的前提条件。而丰富体育理论知识和提升体育技能则是根本。高校体育教师应该有意识地增强学生自主学习能力，丰富教学内容，优化教学方法，完善教学评价，因材施教，提升高校学生的体育学习积极性，增强其信心，培养高校学生终身体育意识和能力。总而言之，教师要通过培养高校学生的体育素养，促进高校学生终身体育锻炼习惯的形成，从而为社会培养德智体美劳全面发展的综合性人才。

第三节　高校学生体育核心素养的培养路径研究

一、高校学生体育核心素养培养的重要性

体育运动与锻炼对人的心理素质、身体素质、人际关系以及面对问题的态度等有着积极的影响，体育锻炼可有效减轻学生的心理压力，缓解身体疲劳，所以，高校在教育过程中，除了开展体育课程与技能教学之外，还应当注重体育核心素养培养，加强体育知识与技能锻炼，帮助学生打下良好的基础，使其具备良好的合作能力，能够更好地参与各项社会活动，逐步健全与完善个人人格，促进由知识向素养教育的过渡与转变。高校体育作为高等教育的核心组成部分，有助于增强学生的身体素质，促进其身心健康发展，大学时期正是价值观与世界观形成的重要时期，高校学生此时的心理尚未成熟，对于社会的了解也不够深入，缺乏社会经验，因此，高校必须加强教育引导，这对其心理日渐成熟非常重要。高校通过加强体育核心素养培养，并以此为导向，开展课堂教学，从而引导学生逐渐形成健康的品格以及运动素养。良好的人际关系是立足于社会的根本，因此，体育核心素养培养是当前高校教育的内在需求，也符合时代发展的主题。

二、高校学生体育核心素养培养过程中存在的问题分析

（一）部分高校学生的体育意识薄弱

体育意识指的是高校学生参与体育活动的动机以及心理活动。体育意识是体育核心素养的重要组成部分，能够帮助高校学生形成团结、拼搏的精神，锻炼其意志，提高其受挫能力。就现状来看，部分高校学生的意志力比较薄弱，而且处于互联网信息时代，在日常学习生活中，会花费大量的时间沉溺于网络游戏和追剧当中，其主观能动性不足，缺乏体育运动意识；对体育活动存在一定的依赖性，未能形成终身体育意识和良好的健身锻炼习惯，也没有真正认识到体育运动对人的作用和影响，不能形成良好的竞争协作意识，受挫能力欠缺；往往只是三分钟热度，体育锻炼只坚持几天，无法长期坚持下去，效果不理想；未掌握正确的体育锻炼方法，不恰当的运动可能会对人体健康造成不同程度的影响。大部分女孩虽然爱美，也希望自己变瘦，但是并非通过体育锻炼减肥，而是通过吃减肥药、不吃饭的方式减轻体重，往往得不偿失，甚至严重危害身体健康，适得其反。当务之急是要不断增强高校学生的体育意识，培养其科学适度锻炼的习惯，这样才能够不断

增强学生身体素质。

（二）体育课程体系建设滞后

体育课程体系是学校培养学生的重要支配框架和运作基础，体育课程内容是反映学校培养学生的目标与计划考量，体育课程教学方式可引领学生学习进步和养成良好行为习惯。而当前体育课程体系建设相对滞后，具体表现在以下几个方面：

第一，体育课程内容与学生的实际生活脱节。学校管理者对体育课程内容设置方面重视程度不高。调查发现，体育课程内容与学生的实际生活脱节，注重对学生基础理论知识的传授，缺少实践操作。

第二，体育课程保持传统固有模式，因循守旧，闭门造车，与时代发展不符，无法真正调动学生的积极性与兴趣，核心素养难以养成。

（三）体育教育理念不完善

1. 理论与实践脱节

虽然体育教育理念中体现出了培养学生新思想、新理念、新生活方式以及交流方式，但教师在实施过程中依旧保持传统的教育理念，理论与实践严重脱节。

2. 教育教学计划与理想脱节

实现学生全面发展是教育的总目标，素养教育是培养学生不断适应社会的变化，以成为完整的人，而实际上教育教学计划与理想脱节。

3. 教育思维不能与时俱进

教师仍旧采取填鸭式教学方法，缺少创新以及与时俱进的精神。

4. 重知识轻能力

教师忽视培养高校学生核心素养能力的重要环节，片面追求成绩，这是一个较为严重的影响因素。

（四）体育技能水平有待提升

体育技能指的是运动过程中展现出来的运动能力与技巧，其对提高体育素养具有重要的影响，同时有助于高校学生逐渐形成终身体育意识。高校学生虽然大多数具备自我运动的能力，但是欠缺保健意识，不能有效地避免运动意外和损伤，运动技能也比较浅薄，无法在实践运动中合理运用体育知识与相关技能。

（五）未养成良好的体育行为

当前阶段，对于体育行为而言，男生显著优于女生，大部分女生不愿意运动以及从事体育活动。生活作息变得不规律，饮食也不合理。同时，高校学生未能掌握正确的体育锻炼方法，导致体育锻炼效果不理想。不健康的生活习惯与饮食习惯会对高校学生的身体健康造成极大的影响，身体素质较差，导致无法正常参与体育运动项目。因此，高校必须高度重视体育行为习惯的培养，帮助高校学生形成正确的体育行为。科学的锻炼方法能够激发学生的学习兴趣，并积极参与体育活动，从而达到事半功倍的效果。

（六）学校培养制度缺失

1. 教师管理方面

高校体育教师的榜样作用发挥不够完善。在现行体育教育体系下，部分体育教师侧重于对学生基本体育能力的培养和相关基础知识的教授，忽视了对学生体育能力的培养，缺少对学生综合能力的培养，不能够在传授体育知识和能力的同时拓展相关文化知识，以提高学生的内在品质和道德情操。

2. 学校开展的体育活动制度未真正建立

学校不仅未能真正落实学生每天锻炼一小时体育活动，而且课外体育活动形式单一。

3. 学校特色体育活动未有效开展

在学校各类组织活动中，体育属于锦上添花，配合其他活动进行。学校如果较少开展有特色的体育组织活动，就很难营造良好的校园体育氛围。

（七）体育道德缺失

当前阶段，不管是教师还是家长，对于高校学生的体育道德培养缺乏重视。教师在体育教学过程中对于体育道德的教育和引导不足，甚至流于形式，同时未重视对高校学生爱国意识、奋斗精神的培养。教育相关部门与教育工作者应当对此引起高度重视，同时在体育课堂中积极引入思政教育，从而不断提高高校学生的体育道德水平，促进其综合全面发展。

三、高校学生体育核心素养的有效培养路径

（一）培养高校学生终身体育意识

高校学生的体育素养能够充分体现体育教育的发展方向和现状，其与改善高校学生体质健康水平有着密切的联系。体育意识是体育核心素养的重要组成部分，其会对高校学生的体育行为和追求产生直接影响。高校体育教育应当从高校学生的角度出发，加大对其终身体育意识的培养与提升，这一时期也正是终身体育意识培养的关键时期，教育工作者应当努力营造良好的体育文化氛围，激发学生的体育学习兴趣，只有这样才能够让高校学生积极参与到体育活动当中，逐渐形成终身体育意识，不断地提升自我。高校也应当根据该校学生的优势及特点，对学生进行潜移默化的影响和理念渗透，在进行体育知识技能传授的同时，也应当注重体育意识的培养，要让高校学生认识到体育对我们一生的影响，强调体育运动不仅能够增强体魄，也能够健全人的人格，锻炼人的意志，必须高度重视。高校学生终身体育意识的形成将会对其今后产生深远的影响。

（三）优化体育课程的建设

1. 依据学生特点设置相应课程内容

高校体育学院的素养教育体育活动，是对素养教育的深刻理解和实践探索。例如，高校体育学院开展的素质教育体育活动，不同的年级展现不同的运动特色。一年级的体育活动，主题明确、鲜活，符合学生的年龄特点，丰富了学生的课余生活。虽然人不多，但是活动安排有序，体现了学生的年龄特点。特别是摆桌子的游戏体验活动让学生真正感受到了合作的

乐趣。二年级的体育活动紧扣主题，寓意深刻，连环有序，步步深入。例如，在"我说你猜"的游戏中，参与的学生众多，同时学生之间加深了情感。

2. 课程层次设置清晰

高校学生体育核心素养培养课程设置层次清晰，尤其是其中的情景剧游戏比赛，再现了学生的生活。通过教育讨论，高校学生学会了如何与他人相处。由此可见，独特的班级文化和育人氛围对学生的成长具有重要意义。

3. 优化课程结构

高校体育人才培养课程设置应当充分结合目前全民健身的实际需求和偏好，注重基础课程，鼓励学生主动学习热门体育技能，也可以开设瑜伽课程、瘦身训练等诸多项目。同时，高校体育教师应当以职业素养提升及发展为目标，设置专业学科，逐步完善高校体育专业课程结构体系，融入地方特色项目，真正发挥高校体育人才的价值，为体育产业的发展打下坚实的基础。

（三）创新教育理念，优化培养模式

高校要全面构建和完善体育服务体系，加大体育专业人才储备，大力发展群众体育事业，制订科学的人才培养计划，确保体育人才核心素养与体育事业有效对接，以多样化的体育项目为切入点，逐步提高体育课程的专业性，促使高校体育人才在掌握专业的体育技能之外，也能够为群众提供更加科学优质的体育服务。高校体育人才能力培养与发展不能局限于个人体育能力和素养的提升，还应倡导全民健康素质的提升，树立全局意识。高校在培养体育人才过程中，还应当引导高校学生充分认识到核心素养培养的内涵及重要性，明确体育技能、水平、知识、行为等和体育核心素养培育之间的联系，从而实现人才行为、意识优化、知识技能提升的最终目标，与此同时，高校体育教学应当加强核心素养培育。例如，在开展理论课程教学过程中，教师不要将体育知识与运动案例分离开，要通过真实的运动场景吸引学生的注意力，充分调动学生的学习兴趣，逐渐改变以往被动式的学习模式，为学生营造良好的课堂学习氛围，帮助学生更好地理解和掌握体育理论知识重点，从而将体育理论知识逐渐转化为实践行动，提高自身认知。高素质的教师人员是确保体育人才培养的基础，高校方面可以针对教职工作人员的实际情况开展相关培训，促使体育专业教职人员逐步形成体育核心素养，并构建体育教育平台，关注教职人员的成长与发展，加强师德建设，明确体育教师的发展方向，通过教育平台沟通，认识和了解核心素养培育的重要性与价值，实现持续输出高素质体育人才的最终目标。

（四）加强高校学生体育运动能力的培养

1. 推进学生合作学习，展示自我

合作学习在体育运动的过程中表现得尤为重要，在日常体育活动或比赛中，群体性的运动项目（如篮球、排球、足球等）需要运动员之间的团结合作，这是赢得比赛的前提。学生只有在体育运动中团结合作，运动才更有激情，继而提升自身锻炼和参与的积极性。

2. 引导学生建立体育学习理念

强健体魄和文化自信是健全人格必不可少的重要因素，对提升学生体育核心素养尤为重要。全方位实施学生体育核心素养能力培养的教育活动，在于全面展开、重点培养。

3. 加强高校学生体育学习组织管理

学生体育学习的关键在于兴趣，客观实践反映主观意愿，主观意愿支配客观实践，素养教育可积极、显著地提升学生的生存能力和参与运动的主观意愿，为其发展核心素养奠定坚实基础。

（五）丰富高校学生的体育行为

高校体育教育工作开展应当从高校学生的综合全面发展角度入手，充分发挥体育教学的育人价值，充分结合课内外的多元化教育模式，让高校学生的体育行为更加丰富多彩，从而不断提高高校学生的体育素养。

第一，要引导高校学生树立正确的体育行为观念，树立正确的消费观，养成良好的饮食生活习惯，保持良好的健康状态。

第二，要让高校学生切实感受到体育活动带来的乐趣，学生只有充满兴趣，才能够全身心投入到体育活动当中。可以积极开发高校学生群体感兴趣的体育运动项目，对体育课程内容进行创新，营造人人参与的良好体育氛围，让高校学生切实感受到体育运动的快乐。学校方面可以定期组织相关体育活动或者训练，社团应当发挥积极带头作用，逐渐培养出高素质的体育人才，让高校学生的体育行为更加丰富多样。

（六）优化高校学生体育核心素养培养制度

1. 加强体育教师综合素养的提高

体育教师在日常生活中应该积极认识体育教学新方式，通过使用微博、微信和 QQ 等各种媒介辅助教学，以提高教学的创新性。

2. 创新体育教育管理，坚持立德树人

创新高校体育教育管理，应坚持立德树人的基本原则，引导学生在学习体育知识的同时修养身心，磨炼意志，这也是提升体育核心素养的基础。

3. 创新发展开放式育人氛围

开放式育人氛围要以新媒体为基本手段，如在线课程从导入教学情境开始，让学生感受运动的整体性，系统地把握运动的技术动作，教师将视频观看与讲解相结合，充分调动学生的学习兴趣，从而提高教学效果。通过体育外显特征、本体感知、自主决策、本体应答四个阶段来诠释开放式育人氛围的形成过程与原理。

（七）体育课程中适当融入课程思政

体育课程强调反复训练，因此，也必须注重学生的品德教育，并将其贯穿于体育教育活动中，加强高校学生奋斗精神、自信心、合作互助等多方面品德的培育，引导高校学生逐渐树立正确的价值观与人生观。体育课程教学中融入课程思政教育，不仅能够更好地帮助学生树立良好的道德观念、形成良好的道德情操，也有利于促进高校学生不断地进步与升华。除此之外，体育课程实践还应当注重创新，加强对高校学生思维能力与创编能力的培养与提升，学生在实践学习过程中，需要花费大量的时间和精力，除了要掌握动作要领，还需和团队之间加强合作，因此，这些对培养学生的分析与解决问题能力都有着重要的作用和影响。而教学方法的创新，对培养学生的创新能力与互助精神也是非常重要的，同时有助于锻炼和提升学生的表达能力与审美能力。

参考文献

[1] 夏越. 现代高校体育教学研究［M］. 北京：北京理工大学出版社，2019.

[2] 曹立. 新时代经济热点解读［M］. 北京：新华出版社，2018.

[3] 欧枝华. 新时期高校体育教学及其课程体系改革研究［M］. 北京：中国纺织出版社有限公司，2020.

[4] 肖艳丽，臧科运，薛敏. 我国体育课程价值取向研究［M］. 西安：陕西科学技术出版社，2020.

[5] 李正贤. 多重理念下的高校体育教学改革研究［M］. 北京：中国原子能出版社，2020.

[6] 薛明明，张海峰. 高校教学管理及教学质量保障体系的建设与探索［M］. 北京：九州出版社，2021.

[7] 陈轩昂. 新时期高校体育教学的改革与发展［M］. 北京：航空工业出版社，2019.

[8] 刘伟. 高校体育教育创新理念与实践教学研究［M］. 北京：九州出版社，2019.

[9] 向武军. 阳光体育视域下户外运动发展研究［M］. 长春：吉林大学出版社，2021.

[10] 杨乃彤，王毅. 高校体育教学创新及运动教育模式应用研究［M］. 北京：九州出版社，2020.

[11] 李帅伟. 基于终身体育理念的大学生运动健康管理系统构建［D］. 银川：宁夏大学，2021.

[12] 贺奇乐，卫廷，杨琦. "健康第一"理念下高校体育教学的改革创新［J］. 陕西教育（高教），2020（6）：29 - 30.

[13] 杨宝山，赵海军. 健康教育理念下的高校体育教学改革研究［J］. 当代体育科技，2018，8（9）：112 - 113.

[14] 储庆桂. 健康促进视域下的高校体育生活化教学模式的构建［J］. 山东农业工程学院学报，2019，36（8）：175 - 176.

[15] 刘亚云，杨宏昌. 新时代中国高校体育教师的职业定位［J］. 高等教育评论，2022，10（1）：229 - 241.

[16] 袁锦莲. 大学生体育核心素养培养体系构建研究［J］. 体育科技，2020，41（2）：109 - 112.

[17] 王乐潇，叶建强，罗庆. 体医融合理念下高校体育教学改革的研究［J］. 当代体育科技，2022，12（19）：111 - 114.

[18] 曹丹，汤铎. 体医融合背景下高校体育教学服务平台构建研究［J］. 青少年体育，2022（9）：116 - 117.

[19] 陶宝峰. 高校体育教学对大学生终身体育意识的培养探究［J］. 智库时代，2018（51）：193，197.

［20］林景兰，涂文明．高校体育教学改革如何适应阳光体育运动的需求［J］．佳木斯职业学院学报，2022，38（10）：124－126.

［21］倪卫权．立足于"阳光体育"背景下的高校体育教学改革研究［J］．当代体育科技，2021，11（22）：106－108.

［22］江秋寒．浅谈高校体育教学管理与阳光体育的"共融"［J］．科学咨询（科技·管理），2021（3）：35－36.

［23］丁元江，秦松．体育教学中融合健康教育的实践与思考［J］．青少年体育，2020（7）：49－50，53.

［24］胡悦，侯会生．基于翻转课堂的大学体育教学改革研究［J］．体育文化导刊，2019（7）：76－80.